VIVE LE FRANÇAIS!

3

G. ROBERT McCONNELL
Coordinator of Modern Languages
Scarborough Board of Education
Scarborough, Ontario

ROSEMARIE GIROUX COLLINS
formerly Head of Modern Languages
Bawating Collegiate
Sault Ste. Marie, Ontario

RICK PORTER
Head of Languages
Loyalist Collegiate and Vocational Institute
Kingston, Ontario

ADDISON-WESLEY PUBLISHERS

Don Mills, Ontario • Menlo Park, California • Reading, Massachusetts
Amsterdam • London • Manila • Paris • Sydney • Singapore • Tokyo

Consultants

Anita Dubé
Professor, Faculty of Education
University of Regina
Regina, Saskatchewan

James P. Jones
Supervisor, Second Languages
Edmonton Public Schools
Edmonton, Alberta

Donald Mazerolle
French Coordinator
School District 15
Moncton, New Brunswick

Maria Myers
Head of Modern Languages
Queen Elizabeth High School
Halifax, Nova Scotia

Claire Smitheram
French Coordinator
School Unit #3
Charlottetown, Prince Edward Island

Photo credits:
Australian Information Service, pp. 18-19; Byron Bush, cover, pp. 4-5, 6, 7, 8 *(2)*, 9, 20, 30-31 *(2)*, 32-33, 36, 68-69, 82-83, 100-101, 112-113 *(5)*; Canadian Government Travel Bureau, pp. 68-69; Aubrey Crich, pp. 18-19; Éditeur officiel du Québec, pp. 18-19, 100-101; Ian Fraser, pp. 86-87 *(2)*; Ted Gorsline, pp. 18-19; Gouvernement du Québec, pp. 68-69, 100-101, 145; Marshall Henrichs, pp. 40-41 *(2)*, 100-101 *(2)*, 124-125 *(10)*; Ray Lee, pp. 18-19, 68-69; Manitoba Government Travel, pp. 68-69, 86-87, 100-101, 112-113, 141; G. Robert McConnell, pp. 56-57, 86-87, 89; Metro Toronto Library Board, pp. 112-113 *(2)*, 134-135 *(2)*, 141; Rafael Millán, pp. 18-19 *(2)*, 30-31 *(4)*, 40-41 *(2)*, 82-83 *(4)*, 112-113 *(4)*, 124-125 *(3)*; Montreal Star — Canada Wide, pp. 18-19; Movie Star News, p. 122 *(2)*; Musée du Louvre, p. 140; NASA, pp. 18-19; National Film Board of Canada, pp. 30-31; NFB Photothèque — photography Ted Grant, pp. 134-135; New Brunswick Depart of Tourism, pp. 68-69; New Brunswick Travel Bureau, pp. 160-161 *(2)*; Daniel Ngui, pp. 100-101; Nova Scotia Communications, pp. 68-69, 160-161, 169; Office du Film du Québec, pp. 112-113, 139; Ontario Ministry of Industry and Tourism, pp. 86-87 *(2)*; 100-101 *(2)*; Prince Edward Island Tourism, pp. 68-69, 100-101, 160-161; Ringling Brothers and Barnum and Bailey Circus World, p. 101; Saskatchewan Government Travel, pp. 68-69; Travel Alberta, pp. 68-69; Village Historique Acadien, pp. 160-161; Ville de Montréal-Services des Relations Publiques, pp. 30-31, 56-57 *(11)*, 88, 100-101, 147; Andrew Yull, pp. 30-31, 40-41, 44-45, 82-83 *(4)*, 90-91 *(2)*, 112-113, 134-135 *(4)*, 157.

Printed in Canada

K L -BP- 90 89

ISBN 0-201-14714-9

TABLE DES MATIÈRES

À TROIS-PISTOLES

BIENVENUE

Le centre d'information touristique

La maison du notaire

L'hôtel Trois-Pistole

La sûreté du Québec

L'école Polyvalente

L'école Gérard Raymond

La gare CN

Le musée d'automobiles

L'hôtel de ville

Le centre culturel (bibliothèque)

Le traversier

◀ L'église de Trois-Pistoles

Le pavillon des sports

Trois-Pistoles est une petite ville québécoise de 6500 habitants, située sur la rive sud du Saint-Laurent.

In this unit you will learn:

how to ask questions by using inversion;
how to count from 100 to 1000;
how to tell time in two different ways;
how to name the different parts of the day;
how to use the verb *prendre* (to take).

LA RENTRÉE DES CLASSES

A Aujourd'hui, c'est mardi, le 8 septembre. Il fait beau à Trois-Pistoles ce matin et les élèves retournent à l'école. Dans la rue, Henri Martin rencontre une jeune fille.

HENRI – Salut! Je m'appelle Henri Martin.
Et toi, comment t'appelles-tu?

JEANNE – Jeanne Leblanc. Je suis de Sherbrooke,
mais nous habitons ici maintenant.

HENRI – Alors, tu vas à l'école Polyvalente aussi?

JEANNE – C'est ça. Dis donc, comment trouves-tu
ton école?

HENRI – Elle est formidable! Tiens! La voilà!

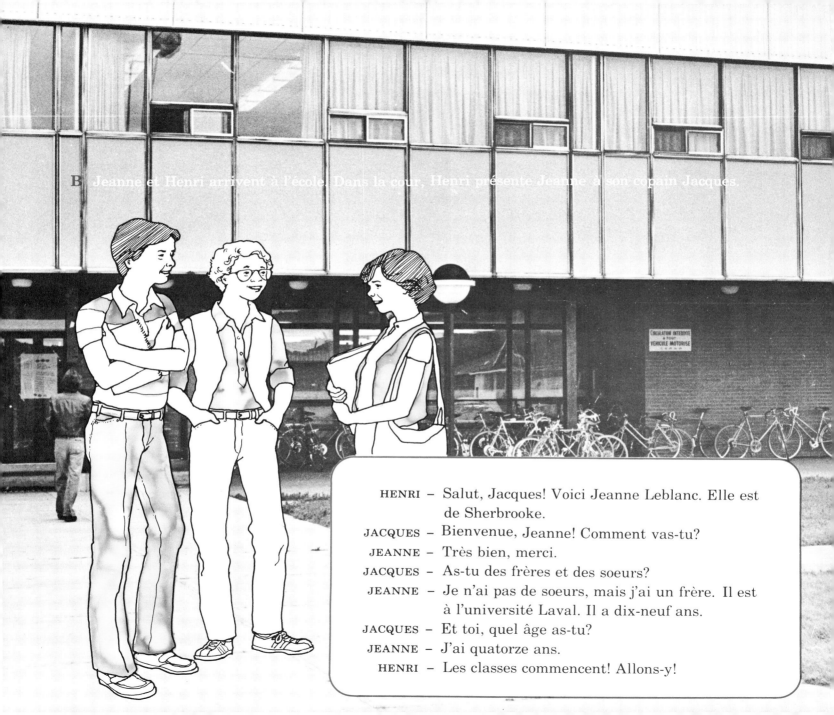

B Jeanne et Henri arrivent à l'école. Dans la cour, Henri présente Jeanne à son copain Jacques.

HENRI – Salut, Jacques! Voici Jeanne Leblanc. Elle est de Sherbrooke.

JACQUES – Bienvenue, Jeanne! Comment vas-tu?

JEANNE – Très bien, merci.

JACQUES – As-tu des frères et des soeurs?

JEANNE – Je n'ai pas de soeurs, mais j'ai un frère. Il est à l'université Laval. Il a dix-neuf ans.

JACQUES – Et toi, quel âge as-tu?

JEANNE – J'ai quatorze ans.

HENRI – Les classes commencent! Allons-y!

C Deux jours plus tard, Jeanne et
Henri parlent dans le couloir.

HENRI — Alors, Jeanne, est-ce que tu aimes
notre école?

JEANNE — Oui, beaucoup!

HENRI — Qui est ton professeur de français?

JEANNE — C'est Mlle Ladouceur!

HENRI — Mlle Ladouceur! Dommage! Elle
est sévère, n'est-ce pas?

JEANNE — Oui, un peu. J'ai déjà des devoirs en
français, mais elle est très sympa aussi!

D

HENRI — Oh là là! J'ai faim! Où vas-tu après
le déjeuner aujourd'hui? Tu vas
chez toi ou tu restes ici?

JEANNE — Je rentre chez moi. Ce n'est pas loin.

HENRI — Et après les classes? Que fais-tu?

JEANNE — Je vais en ville.

HENRI — Moi aussi! On y va ensemble?

JEANNE — D'accord!

A Questions

1. Quelle est la date? Quelle est la saison?
2. Quel temps fait-il?
3. Où est-ce que Jeanne rencontre Henri?
4. Où vont-ils?
5. D'où est Jeanne?

B Vrai ou faux?

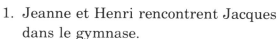

1. Jeanne et Henri rencontrent Jacques dans le gymnase.
2. Jeanne a quatorze ans.
3. Elle a un frère.
4. Il va à l'école Polyvalente.
5. Il a quatorze ans.

C Complétez

1. Jeanne parle avec son . . . Henri dans le . . . .
2. Mlle Ladouceur est son . . . de français.
3. Elle est . . . .
4. Jeanne a déjà des . . . en français.
5. Elle . . . chez elle après le déjeuner.
6. Aujourd' hui, elle va . . . . . . après les classes.

VOCABULAIRE

masculin

un copain	*friend*
un couloir	*hall*

féminin

une copine	*friend*
une jeune fille	*girl*
la rentrée (des classes)	*first day of school*

verbes

commencer	*to begin, to start*
présenter	*to introduce*
rencontrer	*to meet*
rentrer	*to return home*
rester	*to stay*

expressions

comment trouves-tu . . .?	*what do you think of . . . ?*
comment vas-tu? comment allez-vous?	*how are you?*
déjà	*already*
dis donc!	*say! tell me . . . !*
la (le, les) voilà!	*there it is! there they are!*
loin	*far*
maintenant	*now*
plus tard	*later*
sévère	*strict*
tiens!	*look!*
un peu	*a little bit*

9

LA LANGUE VIVANTE

En français, comme en anglais, il y a des expressions qui sont "familières". Voici quelques exemples:

les mathématiques
les maths

un professeur
un prof

une motocyclette
une moto

une automobile
une auto

un ami ou une amie
un copain ou une copine

sympathique
sympa

POUR LA RENTRÉE

As-tu . . .

. . . une gomme?

. . . un cahier?

. . . une règle?

. . . un crayon?

. . . un stylo?

. . . un dictionnaire?

. . . du papier?

. . . une calculatrice?

OBSERVATIONS

LES QUESTIONS

There are three ways to ask a question in French.

1. *Let your voice go up at the end of the sentence:*
   Vous parlez français?

2. *Use the expression* est-ce que (est-ce qu' *before a vowel sound*):
   Est-ce que vous parlez français?

3. *Use inversion. (Reverse the order of subject and verb):*
   Parlez-vous français?

Compare the following examples:

Est-ce que	Inversion
Quand est-ce que vous rentrez? ⟶	Quand rentrez-vous?
Où est-ce que nous allons? ⟶	Où allons-nous?
Qu'est-ce que tu fais? ⟶	Que fais-tu?
Est-ce que c'est une Chevrolet? ⟶	Est-ce une Chevrolet?

L'INVERSION

In written form, the verb and subject are always joined with a hyphen.

Vas-tu au cinéma?
Êtes-vous d'ici?

With the pronoun je, *inversion is almost never used. Instead, follow one of these two patterns.*

Je chante bien?
Est-ce que je chante bien?

STOP **Liaison!** Parlent-ils français?
Ont-ils des frères?

LE VERBE *COMMENCER* (*to begin*)

je commence	nous commençons*
tu commences	vous commencez
il commence	ils commencent
elle commence	elles commencent

* Attention à la cédille!

A Henri et Jacques ne sont pas préparés!

> – Dis donc, Jacques!
>   As-tu un stylo?
> – Non, je n'ai pas de stylo!
> – Zut! La classe de maths commence!

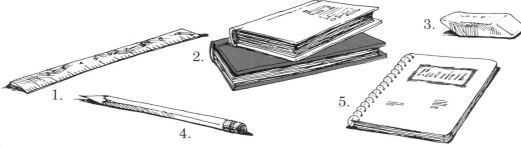

B Henri est très curieux!

> – Dis donc, Jeanne, qui est ton
>   prof de français?
> – C'est Mlle Ladouceur.
> – Comment est-elle?
> – Elle est sévère!

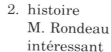

1. anglais
   Mme Jackson
   aimable

2. histoire
   M. Rondeau
   intéressant

3. sciences
   Mlle Lafleur
   comique

4. maths
   M. Campeau
   sympathique

5. géographie
   Mme Vachon
   agréable

6. musique
   M. Lalonde
   formidable

A Les questions

Trouve deux autres façons *(other ways)* de poser les questions suivantes.

1. Aimes-tu la musique "pop"?
2. Vous restez ici pour les vacances?
3. Tu habites à Calgary?
4. Est-ce qu'elles voyagent en été?
5. Est-ce que vous allez avec Jean-Guy?
6. Vous parlez français?
7. Avez-vous faim?
8. C'est une Chevrolet?
9. Elles vont à la party?
10. Sont-ils en retard?
11. Est-ce que nous commençons le test maintenant?
12. Elle est de Toronto?

B Les substitutions

Remplace le mot souligné.

1. Commences-tu tout de suite? (ils, nous, vous, elles)
2. Restons-nous ici? (vous, tu, ils, elles)
3. Es-tu de Montréal? (vous, il, elles, elle)
4. Aiment-ils le film? (vous, elles, tu)
5. Avez-vous une voiture? (tu, elles, ils)
6. Est-ce que je chante bien? (parler, nager, travailler)

C L'élimination des mots!

1. classe, professeur, couloir, frigo
2. frère, soeur, mère, directrice
3. français, anglais, bikini, sciences
4. déjeuner, jeudi, dîner, petit déjeuner
5. septembre, octobre, sept, décembre
6. copain, cuisine, ami, copine

D Le bon ordre!

Fais des questions!

1. vas / comment / tu / ?
2. âge / tu / quel / as / ?
3. appelles / t / tu / comment / ?
4. ce / qui / est / ?
5. frères / vous / des / avez / ?
6. samedi / tu / que / fais / ?
7. midi / manges / tu / où / à / ?
8. concert / commence / quand / est-ce / que / le / ?
9. êtes / retard / pourquoi / en / vous / ?
10. temps / quel / il / fait / ?

E Prononcez bien!

1. Parlent-ils français?
2. D'où sont-elles?
3. Voyagent-ils souvent?
4. Retournent-elles demain?
5. Où habitent-ils?
6. Vont-ils au cinéma avec Lucie?
7. Aiment-elles les films comiques?
8. Quel temps fait-il?
9. Travaillent-ils ce soir?
10. Préparent-elles une pizza?

F Les conversations téléphoniques

Voici dix réponses. Quelles sont les questions?

1. Non, je suis de Vancouver.
2. J'ai quinze ans.
3. Au 39, rue Papineau.
4. Nous allons au cinéma ce soir.
5. Après les classes!
6. Elle est formidable!
7. C'est le père de Monique Dubois.
8. Non, je ne vais pas au match.
9. Non, je rentre chez moi.
10. Ils font leurs devoirs maintenant.

SAVIEZ-VOUS?

L'éducation au Québec

à 5 ans: la maternelle
(le jardin d'enfants)

de 6 ans à 12 ans:
l'école élémentaire

de 12 ans à 17 ans:
l'école secondaire

après 17 ans:
le collège

après 19 ans:
l'université (f.)

Au Québec, certaines grandes écoles secondaires s'appellent des polyvalentes.

G La rentrée des classes

Regarde l'image et pose des questions à tes copains!

H Questions personnelles

1. Comment t'appelles-tu?
2. Comment vas-tu?
3. Quel âge as-tu?
4. D'où es-tu?
5. As-tu des frères et des soeurs?
6. Aimes-tu ton école?
7. Que fais-tu à l'école?
8. Où manges-tu à midi?
9. Que fais-tu après les classes?
10. Quand fais-tu tes devoirs?

SAVOIR-LIRE

Guess the meaning of the underlined words.

1. Le premier janvier, c'est le
   <u>commencement</u> de l'année.
2. Le 31 décembre, c'est la <u>fin</u> de l'année.
3. Dans la ville de Trois-Pistoles, il y a
   6 500 <u>habitants</u>.
4. Henri fait des <u>calculs</u> avec sa
   calculatrice.
5. En septembre, les <u>écoliers</u> retournent
   à l'école.

LE COMMENCEMENT EST TOUJOURS DIFFICILE!

LA PLANÈTE MÉKANO

Loin de la Terre, au centre d'un grand empire interplanétaire, il existe une planète étrange, la planète Mékano. Elle est sèche comme un désert, parce qu'il ne pleut jamais sur Mékano. Dans ce désert il n'y a pas de fleurs, pas d'arbres, pas d'animaux.

Les habitants de la planète sont tous des robots, excepté leur chef, le sinistre Malévol. Il a un seul désir — il veut être chef de toutes les planètes. Avec son armée de robots, le terrible Malévol menace les habitants des autres planètes. Ils ont tous peur de Malévol et de ses robots.

Un seul jeune homme n'a pas peur. Il s'appelle Héros et il habite la planète Trèsbo. Héros a une idée pour arrêter le vilain Malévol et pour sauver sa planète . . .

(à suivre)

A Vrai ou faux?

1. La planète Trèsbo est sèche comme un désert.
2. Il n'y a pas de fleurs sur Mékano.
3. Malévol veut être chef de la Lune.
4. Héros n'a pas peur.
5. Héros veut sauver la planète Trèsbo.

B Questions

1. Décrivez la planète Mékano (trois détails).
2. Qui est Malévol? Qu'est-ce qu'il veut?
3. Qui va sauver Mékano? D'où est-il?

C Vive la différence!

français	anglais
interplanét<u>aire</u>	*interplanet<u>ary</u>*
un salaire	?
contraire	?
un anniversaire	?
nécessaire	?
élémentaire	?
ordinaire	?
un dictionnaire	?

D L'explosion des mots!

près de   en face de   loin de   à côté de   au milieu de

Vocabulaire

des animaux	*animals*
un arbre	*tree*
un chef	*chief, leader*
une fleur	*flower*
la Terre	*Earth*
arrêter	*to stop*
avoir peur de . . .	*to be afraid of . . .*
sauver	*to save*
à suivre	*to be continued*
autre	*other*
comme	*like, as*
étrange	*strange*
il veut être . . .	*he wants to be . . .*
ne . . . jamais	*never*
sèche	*dry*
seul	*single*
tous, toutes	*all*

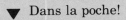
Dans la poche!

Oies sauvages en vol.

Les vacances sont finies! ▶

Vers la mer.

◀ La coupe Stanley
retourne à Montréal.

Les astronautes retournent. ▶

▲ Encore un point!

La journée est finie. ▼

▼ La fin du voyage.

SALUT, LES COPAINS!

Salut! Je m'appelle Jacques Dubois. J'ai 14 ans. J'habite au 57, rue Jean Riou. Notre appartement est dans un immeuble moderne, près de l'école.

Ma soeur s'appelle Marie. Elle a 13 ans et elle va à l'école Polyvalente aussi.

Ma cousine, Réjeanne, habite loin de l'école, alors elle prend l'autobus avec ses copains François et Monique.

J'étudie neuf matières. J'aime les sciences mais j'aime mieux les maths! Je prends des leçons de guitare, parce que j'aime beaucoup la musique.

À midi, je prends mon déjeuner dans la cafétéria avec mes amis.

D'habitude, je fais mes devoirs dans la bibliothèque de l'école. Quelquefois je travaille dans un supermarché après les classes.

Après le dîner, je regarde la télé, j'écoute la radio ou je fais du sport. Et voilà. C'est tout!

Merci, Jacques. C'est très bien!

1. Quel âge a Jacques?
2. Où habite-t-il?
3. Est-ce qu'il habite une maison ou un appartement?
4. A-t-il une soeur?
5. Comment s'appelle-t-elle?
6. Quel âge a-t-elle?
7. Est-ce que Jacques habite loin de l'école ou près de l'école?
8. Comment est-ce que sa cousine va à l'école?
9. Comment s'appellent ses amis?
10. Qu'est-ce que Jacques étudie à l'école?
11. Aime-t-il les sciences?
12. Quelles leçons de musique prend-il?
13. Avec qui est-ce que Jacques prend son déjeuner?
14. Où mangent-ils?
15. Où est-ce que Jacques fait ses devoirs?
16. Où travaille-t-il après les classes?
17. Que fait-il après le dîner?

A Vrai ou faux?

1. Jacques habite une maison.
2. Il travaille dans un cinéma.
3. Il étudie sept matières.
4. Il prend son déjeuner à l'école.
5. Après le dîner, il fait du sport.

B Complétez

1. Jacques fait ses . . . dans la bibliothèque de l' . . . .
2. Il . . . son déjeuner dans la . . . .
3. Après le dîner, il regarde la . . . et il écoute la . . . .

masculin

un appartement	*apartment*
un immeuble	*apartment building*
midi	*noon*
un piano	*piano*

féminin

une cousine	*cousin*
une guitare	*guitar*
une leçon	*lesson*

verbes

aimer mieux	*to prefer*
prendre	*to take*

prépositions

loin de	*far from*
près de	*near, close to*

expressions

c'est tout!	*that's all!*
c'est très bien!	*well done!*
d'habitude	*usually*
il (elle) s'appelle . . .	*his (her) name is . . .*
ils (elles) s'appellent . . .	*their names are . . .*
prendre un repas	*to eat a meal*
quelquefois	*sometimes*

LES DISTANCES

– À combien de kilomètres est Rimouski d'ici?
– Rimouski est à cent kilomètres d'ici.

Baie-des-Sables est à deux cents kilomètres de Trois-Pistoles. Trois-Pistoles est à deux cent quarante-cinq kilomètres de Matane.

deux cents **mais** deux cent quarante-cinq

100	cent
101	cent un
200	deux cents
201	deux cent un
202	deux cent deux
1000	mille
2000	deux mille

Il n'y a pas de liaison devant les nombres: cent un, deux cent onze.

SAVIEZ-VOUS?

Au Canada, les élèves qui vont à l'école élémentaire s'appellent souvent des <u>écoliers</u> ou des <u>écolières</u>.

Les élèves qui vont à l'école secondaire s'appellent souvent des <u>étudiants</u> ou des <u>étudiantes</u>. C'est toujours des <u>étudiants</u> ou des <u>étudiantes</u> qui vont à l'université.

L'INVERSION

When a verb ending in a vowel is followed by the pronoun il or elle, a "t" is inserted between the verb and the pronoun.

Où est-ce qu'il va?
    Où va-t-il?
Où est-ce qu'elle travaille?
    Où travaille-t-elle?
Il a un cyclomoteur?
    A-t-il un cyclomoteur?
Il y a du lait dans le frigo?
    Y a-t-il du lait dans le frigo?

(STOP) Écrivez bien!

-t-

LE VERBE *PRENDRE*

(to take)

je prends	nous prenons
tu prends	vous prenez
il prend	ils prennent
elle prend	elles prennent

A Les copains parlent

– Qui est-ce?
– C'est Sylvie Marchand.
– Aime-t-elle la musique "pop"?
– Oui, elle adore la musique "pop"!

1. Jean Lecomte
  avoir des frères
  avoir trois frères

2. Hélène Dubois
  aller en ville
  aller avec son père

3. Guy Deschamps
  habiter une maison
  habiter au 129, rue Lalonde

4. Adèle Gagnon
  manger avec des copains
  manger avec Paul et Guy

5. Pierre Larose
  aller chez lui
  rentrer à la maison

6. Thérèse Leblanc
  parler anglais
  parler très bien

B Les leçons

– Où va-t-il?
– En ville.
– Pourquoi?
– Il prend des leçons de musique!

1. elle
  guitare

2. tu
  piano

3. vous
  danse

4. il
  dessin

5. il
  tennis

6. elles
  karaté

23

A Questions et réponses

Pose des questions à ton voisin!

1.

2.

3.

4.

B Qu'est-ce que tu préfères?

1.

2.

3.

4.

5.

6.

C Tu prends le taxi?

Fais des phrases avec le verbe <u>prendre</u>.

Je . . .
Tu . . .
Mlle Ladouceur . . .
Nous . . .
Vous . . .
Pierre et Monique . . .
Jeanne et Lise . . .
Ils . . .
L'agent . . .

1.
2.
3.
4.
5.
6.

D Tête-à-tête: Dans la cafétéria

*You want to get to know a new French-speaking student.
How would you:*

1. *introduce yourself?*
2. *ask him his name?*
3. *find out where he's from?*
4. *ask where he lives?*
5. *find out whether he lives in a house or an apartment?*
6. *ask if he has brothers or sisters and find out their names?*
7. *find out his telephone number?*

E Allons-y!

Trouve les distances entre les villes!

Victoria est à 1162 km de Calgary.

TABLE DES DISTANCES
Distances approximatives en kilomètres

	Victoria	Vancouver	Trois-Pistoles	Toronto	Saint-Jean	San Francisco	Saskatoon	Regina	Québec	Ottawa	New York	Montréal	Los Angeles	Halifax	Fredericton	Edmonton	Chicago	Charlottetown	Calgary
Calgary																			4931
Charlottetown																	2577	2776	
Chicago																2797	4963	299	
Edmonton															4598	2203	373	4558	
Fredericton														415	5013	2618	280	4973	
Halifax													6178	5763	3006	3304	6136	2707	
Los Angeles												4929	1249	834	3764	1370	1199	3743	
Montréal											613	4482	1278	1009	4340	1266	1353	4319	
New York										777	190	4789	1439	1024	3574	1230	1389	3553	
Ottawa									460	864	270	5200	982	586	4035	1640	959	4014	
Québec								3249	2789	3555	2979	3148	4228	3813	785	2012	4178	764	
Regina							257	3507	3046	3813	3236	3405	4485	4070	528	2269	4435	620	
Saskatoon						2886	2858	5245	4834	4720	4974	610	6223	5808	2478	3446	5181	2179	
San Francisco					7585	5839	5581	2363	2792	2760	2602	7540	1503	1777	6367	3980	1448	6334	
Saint-Jean				3141	4435	2927	2670	809	399	885	539	4390	1788	1373	3455	830	1738	3434	
Toronto			1063	2086	5499	3761	3503	276	714	1113	524	5454	725	309	4288	1894	683	4268	
Trois-Pistoles		5325	4492	7403	1630	1677	1822	5071	4611	5414	4801	2313	6050	5634	1244	3833	6000	1057	
Vancouver	105	5430	4596	7775	1529	1782	1926	5176	4715	5518	4905	2211	6154	5739	1349	3938	6104	1162	
Winnipeg	2337	2232	2932	2099	5010	3430	829	571	2678	2218	2984	2408	3401	3656	3241	1357	1440	3607	1336

F Personnages

Comment s'appelle . . .

1. . . . le premier ministre du Canada?

2. . . . le premier ministre du Québec?

3. . . . le premier ministre de ta province?

4. . . . ton acteur favori?

5. . . . ton actrice favorite?

SAVOIR-LIRE

Devinez les mots soulignés!

1. Normalement je vais à l'école à pied, mais quelquefois je vais en autobus.
2. M. Savard donne des leçons de piano—il est pianiste.
3. Les élèves déjeunent dans la cafétéria à midi.
4. Mon prof est formidable— j'apprends beaucoup dans ses classes!
5. Il pleut rarement dans le désert.

G Où habitent-ils?

Les Gagnon habitent au numéro 105.

Gagnon	–	105
Labarbe	–	221
Vachon	–	330
Cartier	–	416
Tremblay	–	540
Trudeau	–	613
Campeau	–	737
Dupuis	–	820
Potvin	–	933
Gendron	–	1000

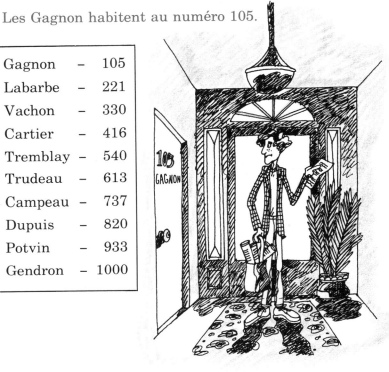

H Questions personnelles

1. Habites-tu un appartement ou une maison?
2. Dans quelle rue habites-tu?
3. Comment s'appellent tes copains?
4. Est-ce que tes parents travaillent? Où?
5. Comment vas-tu à l'école?
6. Comment s'appelle le directeur de ton école?
7. Comment s'appellent tes professeurs?
8. Que fais-tu après le dîner?
9. Prends-tu des leçons de musique?
10. Est-ce que tu travailles? Où?

PERSPECTIVES

Il y a plus de 3000 langues dans le monde. Seulement 200 langues sont parlées par plus d'un million de personnes. Il y a 100 000 000 de personnes dans plus de 24 pays qui parlent français. Voici d'autres langues importantes:

l'allemand
l'anglais
l'arabe
le chinois
l'espagnol
l'italien
le japonais
le portugais
le russe

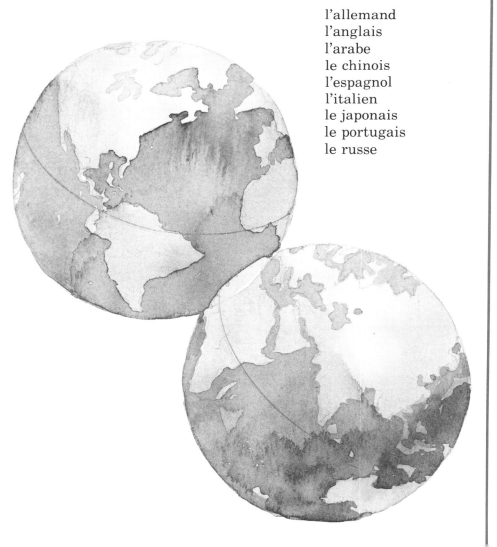

« TU PRÉFÈRES LE PICCOLO, PEUT-ÊTRE ? »

LA PLANÈTE MÉKANO (suite et fin)

Héros invente une machine à pluie, puis il attache son invention à son astronef. Un jour, il survole la planète Mékano et il fait marcher la machine à pluie. Tout à coup, la pluie tombe sur la planète et arrose l'armée de robots.

De son astronef, Héros voit des centaines de petites explosions sur la planète Mékano. Chaque explosion représente la destruction d'un robot quand l'eau entre dans ses contrôles!

L'empire de Malévol est fini. Il quitte Mékano et disparaît pour toujours dans l'espace. Après le grand succès de Héros, les autres planètes existent en paix.

Vocabulaire

un astronef	*spaceship*
des centaines	*hundreds*
l'espace (m.)	*space*
la fin	*end*
la paix	*peace*
la pluie	*rain*
la suite	*continuation*
arroser	*to drench*
disparaître	*to disappear*
faire marcher	*to turn on*
survoler	*to fly over*
tomber	*to fall*
voir	*to see*
chaque	*each*
tout à coup	*suddenly*

A Vrai ou faux?

1. Héros attache son invention à son cyclomoteur.
2. La pluie arrose les robots.
3. Héros quitte Mékano.
4. Malévol reste sur Mékano.
5. Il y a la paix maintenant.

B Questions

1. Quelle est l'invention de Héros?
2. Pourquoi est-ce qu'il y a des explosions sur Mékano?
3. Où va Malévol?

C Vive la ressemblance!

français	anglais
invent<u>ion</u>	*invention*
invitation	?
aviation	?
composition	?
préparation	?
action	?
nation	?
ambition	?

D L'explosion des mots!

la neige · le brouillard · le soleil · les éclairs · le tonnerre *Boum!!! Boum!!!* · la pluie · les nuages

◀ L'Habitat

▼ une grange

▲ une cabane

▼ une hutte

▲ un igloo

◀ un tipi

30

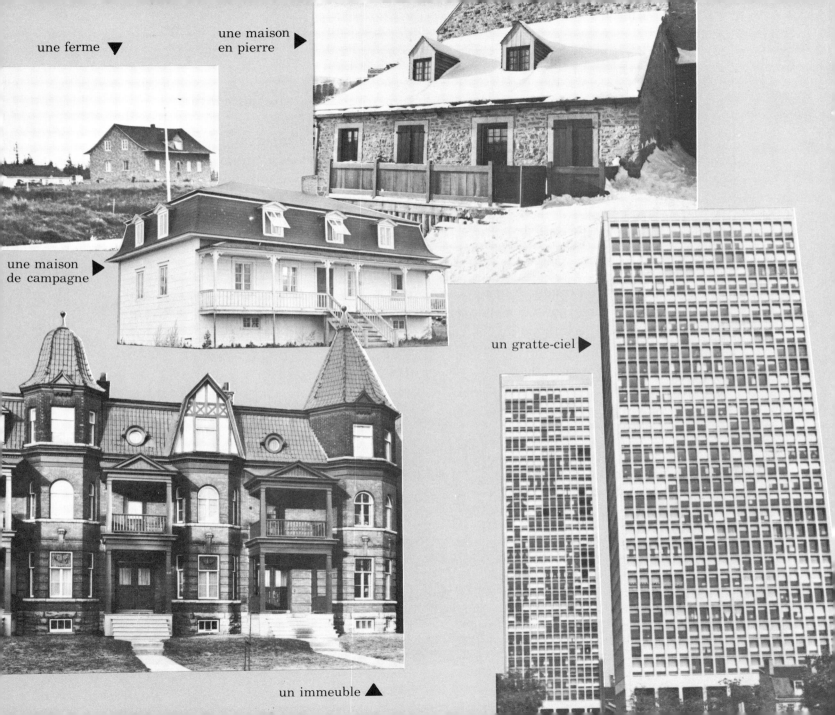

une ferme ▼

une maison
en pierre ▶

une maison
de campagne ▶

un gratte-ciel ▶

un immeuble ▲

LA JOURNÉE DE JEANNE

A 🕐 À sept heures mon réveil sonne.

🕐 À huit heures je prends mon petit déjeuner. Je mange vite parce qu'à huit heures et demie je vais à l'école. Je suis souvent en retard!

🕐 À neuf heures moins le quart j'arrive à l'école. Aujourd'hui je suis en avance.

🕐 À neuf heures les classes commencent. J'ai quatre classes avant le déjeuner.

🕐 À midi je rentre chez moi et je prends mon déjeuner. J'ai toujours faim!

🕐 À une heure je retourne à l'école. J'arrive à l'heure.

🕐 À trois heures et demie j'arrive chez moi. Je prends un goûter, puis je range ma chambre. Quelquefois, après les classes, je vais au restaurant avec des copains.

🕐 À cinq heures et demie j'aide ma mère. Nous préparons le dîner ensemble.

🕐 À six heures, comme toujours, nous dînons.

🕐 Après le dîner, je fais mes devoirs ou je regarde la télé. De temps en temps je garde les enfants de nos voisins. J'aime ça parce que je gagne de l'argent.

🕐 Vers dix heures et demie, je vais au lit. Bonne nuit!

B Voici mon emploi du temps pour le vendredi.

heure	matière
9 h 00	ANGLAIS
9 h 45	SCIENCES
10 h 30	FRANÇAIS
11 h 15	ÉDUCATION PHYSIQUE
12 h 00	DÉJEUNER
1 h 00	MATHÉMATIQUES
1 h 45	GÉOGRAPHIE
2 h 30	HISTOIRE
3 h 15	LE WEEK-END COMMENCE!

AS-TU COMPRIS?

A Vrai ou faux?

1. Le réveil de Jeanne sonne à sept heures et demie.

2. Jeanne va à l'école à pied.

3. Elle arrive à l'école à neuf heures moins le quart.

4. Elle mange dans la cafétéria à midi.

5. Jeanne n'aide pas sa mère.

B Complétez

1. Jeanne va à l'école à . . . heures.
2. À . . . heures les classes commencent à l'école.
3. Jeanne retourne à l'école à . . . heures de l'après-midi.
4. La famille dîne à . . . heures.
5. Vers . . . heures, Jeanne va au lit.

C Questions

1. Est-ce que Jeanne arrive à l'école toujours à l'heure?
2. Qu'est-ce qu'elle fait après les classes?
3. Comment est-ce qu'elle aide sa mère?
4. Qu'est-ce qu'elle fait après le dîner?
5. Comment est-ce qu'elle gagne de l'argent?
6. À quelle heure est-ce qu'elle a une classe de français?

VOCABULAIRE

masculin

un emploi du temps	*timetable*
un lit	*bed*
midi	*noon*
minuit	*midnight*
un réveil	*alarm clock*
un week-end*	*weekend*

féminin

une heure	*hour*
une journée	*day*

verbes

aider	*to help*
dîner	*to eat dinner*
gagner	*to earn*
ranger	*to clean up, to tidy up*
sonner	*to ring*

expressions

à l'heure	*on time*
aller au lit	*to go to bed*
bonne nuit!	*good night!*
comme toujours	*as always*
de temps en temps	*now and then*
en avance	*early*
garder les enfants	*to babysit*

préposition

vers	*about (with time)*

*Au Canada, le week-end s'appelle souvent la fin de semaine.

34

QUELLE HEURE EST-IL?

un réveil

une pendule

un radio-réveil

une montre

une horloge de ville

une pendule

L'HEURE

Il est une heure.

Il est une heure cinq.

Il est une heure et quart.

Il est une heure et demie.

Il est deux heures moins vingt.

Il est deux heures moins le quart.

Il est midi.

Il est minuit.

Il est midi et demi.
Il est minuit et demi.

MINI-DIALOGUES

A Henri n'a pas de montre!

– Quelle heure est-il?
– Il est six heures et demie.
– Quand est-ce que le film commence?
– À sept heures et quart.

1. 6 h 45
   le match de football
   7 h 00

2. 7 h 50
   la party
   8 h 15

3. 8 h 45
   la danse
   9 h 00

4. 12 h 15
   la classe de sciences
   12 h 30

5. 10 h 10
   le test
   10 h 20

6. 10 h 30
   le concert
   10 h 40

7. 2 h 25
   l'émission
   2 h 40

8. 7 h 30
   le match de hockey
   8 h 00

B La journée de Jacques

– À quelle heure est-ce que tu prends le petit déjeuner?
– À huit heures moins le quart.

1. aller à l'école (8 h 30)
2. arriver à l'école (8 h 45)
3. rentrer chez toi (3 h 15)
4. écouter la radio (4 h 00)
5. commencer tes devoirs (4 h 45)
6. préparer le dîner (5 h 15)
7. regarder la télé (8 h 00)
8. aller au lit (9 h 45)

35

A Le temps, c'est important!

1. Combien de secondes y a-t-il dans une heure?
2. Combien de minutes y a-t-il dans une heure et demie?
3. Combien d'heures y a-t-il dans une semaine?
4. Combien de semaines y a-t-il dans une année?
5. Combien de jours y a-t-il dans une année?
6. Combien de jours y a-t-il d'aujourd'hui à Noël?

B Tête-à-tête

Tu parles à un visiteur du Québec. Décris une journée typique à ton école.

exemple: À 9 heures, nous avons l'anglais avec Mme Martin.

Voici le système de vingt-quatre heures (pour les trains et les avions, par exemple).

une heure du matin = 01:00
neuf heures du matin = 09:00
midi = 12:00
une heure de l'après-midi = 13:00
neuf heures du soir = 21:00
minuit = 24:00 ou 00:00

VIA

TORONTO — LONDON — WINDSOR

	Daily Quot.	Bus Daily Autobus Quot.	Daily Quot.	Daily Quot.	Bus Daily Autobus Quot.	Daily Quot.	Ex. Sat. Sauf sam.	Fri. & Sun ven & dim	Bus Daily Autobus Quot.	Daily Quot.	Daily Quot.	Daily Quot.	Daily Quot.
Dp Toronto	08 15		09 00	12 10	14 00		15 15	16 00					
Ar Oakville	08 43		09 00	12 10									
Dp Hamilton			09 26	12 37									
Ar Burlington	08 56	09 20			14 27		15 42			17 00	18 35	19 15	23 15
Ar Brantford	09 37				14 25					17 26	19 05	19 42	23 42
Ar Woodstock	10 08	10 00→10 10			14 39				17 20				
Ar London	10 45	10 40				15 05→15 15							
Ar Chatham	11 55	11 10		14 15		15 45		17 05	18 00→18 10			19 54	23 54
Ar Windsor	12 40			15 25 / 16 15		16 15	17 20	18 05	18 40 / 19 10 / 20 20 / 21 10		20 20 / 20 55	21 00 / 21 30 / 22 40 / 23 30	00 30 / 01 00 / 01 35

C À la gare

Quand est-ce que les trains arrivent?
Le train de Montréal arrive à sept heures quarante.

Montréal	07:40	Winnipeg	10:50	Kingston	14:15	Windsor	20:45
Ottawa	08:10	Vancouver	11:15	Halifax	18:25	Sherbrooke	21:55
London	09:20	Edmonton	12:05	Québec	19:30	Sudbury	23:27

D Quelle heure est-il à Moscou?

C'est toi l'annonceur! Annonce l'heure dans les différentes villes!

OTTAWA · LONDRES · PARIS · MOSCOU · BOMBAY · DJAKARTA (L'INDONÉSIE) · SINGAPOUR · SYDNEY · SAN FRANCISCO

À Ottawa il est midi.

E Choisis bien!

Complète les phrases!

1. À sept heures et demie mon réveil (chanter/sonner).
2. À quelle heure est-ce que tu (aller/manger) au lit?
3. À huit heures du matin je (détester/quitter) la maison.
4. Le professeur parle (derrière/devant) les écoliers.
5. Il est neuf heures dix! Vous êtes (en retard/en avance) pour l'école.
6. Nous prenons le déjeuner à (minuit/midi).

F Questions personnelles

1. À quelle heure est-ce que le réveil sonne chez toi?
2. À quelle heure est-ce que tu prends le petit déjeuner?
3. À quelle heure est-ce que tu vas à l'école?
4. À quelle heure est-ce que tu arrives à l'école?
5. Est-ce que tu arrives toujours en avance à l'école?
6. Quand est-ce que les classes commencent?
7. Est-ce que tu as une classe de français le matin ou l'après-midi? À quelle heure?
8. À quelle heure est-ce que tu prends le déjeuner?
9. À quelle heure est-ce que tu rentres à la maison?
10. À quelle heure est-ce que tu prends le dîner?
11. Est-ce que tu fais des devoirs chez toi? À quelle heure?

SAVOIR-LIRE

Devinez les mots soulignés.

1. Sur mon lit, j'ai un matelas très confortable.
2. Il fait froid! Voici des couvertures pour ton lit!
3. Je déteste les films, alors je ne vais jamais au cinéma!
4. Dans ma famille, nous déjeunons toujours à midi, mais nous dînons à six heures.
5. Le directeur de notre école arrive toujours à huit heures précises.

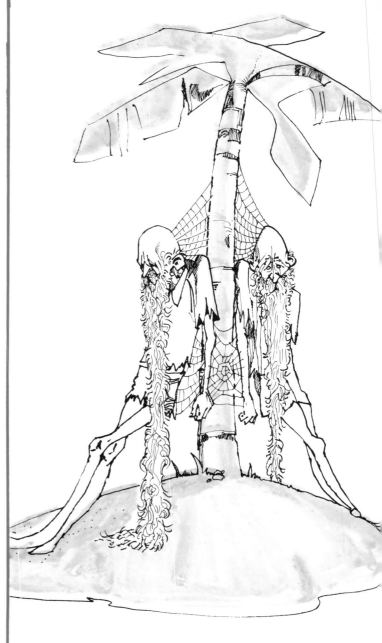

«LE TEMPS PASSE VITE, HEIN?»

Au Revoir, enfance...

enfance

adulte

Bonjour, adolescence,
Salut, liberté!
Au revoir, enfance,
Adieu, poupées!
À bientôt, diligence,
À demain, réalité!
Bienvenue, extravagance,
Entrez, individualité!

adolescence

vieillesse

Vive la différence!

français	anglais
liberté	*liberty*
réalité	?
individualité	?
curiosité	?
possibilité	?
société	?
popularité	?
majorité	?
beauté	?
personnalité	?

une montre à affichage numérique ▲

▼ une pendule

▲ un cadran solaire

UN CADRAN SOLAIRE PERSONNEL

Matériel:

des ciseaux

du carton ondulé

un rapporteur

une règle

un morceau d'argile

un compas

1. Fais un carré 20 cm x 20 cm.

45° = la latitude où tu habites

2. Fais une aiguille.

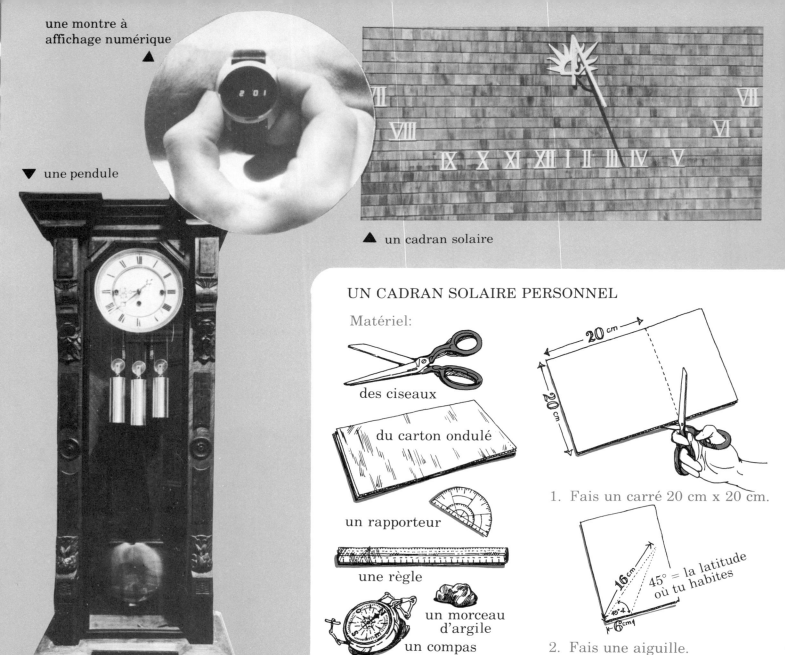

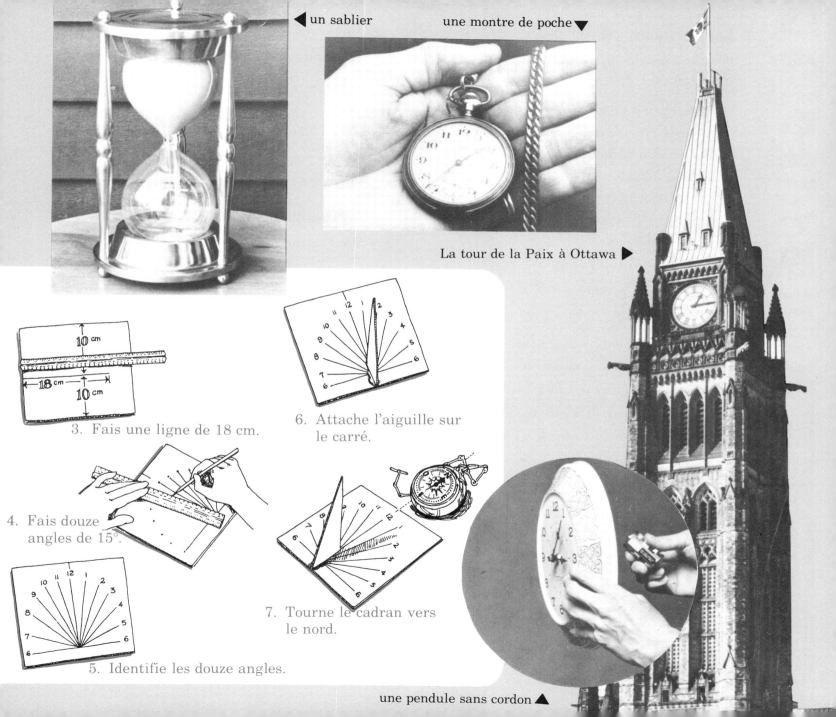

◄ un sablier

une montre de poche ▼

La tour de la Paix à Ottawa ▶

3. Fais une ligne de 18 cm.

4. Fais douze angles de 15°.

5. Identifie les douze angles.

6. Attache l'aiguille sur le carré.

7. Tourne le cadran vers le nord.

une pendule sans cordon ▲

A Les questions, s'il vous plaît!

Which questions might produce the following answers?

1. Je rentre à six heures, maman.
2. Nous allons au cinéma.
3. Je fais mes devoirs.
4. C'est mon amie Natalie.
5. Il fait beau.
6. C'est le 8 septembre.
7. J'ai treize ans.

B Des phrases complètes, S.V.P.!

le verbe **prendre**

1. Nous . . . des leçons de guitare.
2. Est-ce que vous . . . la voiture ce soir?
3. Je . . . le déjeuner à midi.
4. À quelle heure est-ce que tu . . . le dîner?
5. Elles . . . leurs vacances le 17 juin.
6. M. Gendron . . . du lait dans son thé.

C Quelle heure est-il à Vancouver?

Vancouver time is 3 hours behind Toronto time. Give the correct time in Vancouver for the Toronto times below.

TORONTO

a)	8 h 00	f)	6 h 05
b)	8 h 30	g)	3 h 25
c)	9 h 45	h)	1 h 15
d)	4 h 40	i)	2 h 35
e)	7 h 30	j)	12 h 00

D À l'aéroport

Read the times below, using the 24 hour clock. Classify each time according to le matin, l'après-midi, or le soir.

a)	10:00	f)	18:35
b)	11:20	g)	20:10
c)	13:25	h)	23:45
d)	16:30	i)	01:05
e)	17:40	j)	03:20

E C'est combien?

Read the following numbers, then write them in figures.

1. deux cent cinq
2. trois cent quarante
3. six cent quatre-vingt-quinze
4. sept cent quatre-vingts
5. huit cent trente-huit
6. neuf cent trente-neuf
7. cinq cent soixante-douze
8. cent vingt-quatre
9. neuf cent dix-huit
10. trois mille deux cents

F Quel verbe? Quelle forme?

1. Pourquoi est-ce que tu ne (manger/ranger) pas ta chambre?
2. Je (rentrer/sonner) tout de suite.
3. Louise (rencontrer/rester) ses amis devant l'école.
4. À quelle heure est-ce que nous (chanter/prendre) le dîner?
5. Les enfants (apporter/aider) maman dans la cuisine.
6. Georges (poser/nager) une question.

G Les détails

a) Give, in French, as many details as you can about the students below.
b) Give the same information about yourself.   *c) Give the same information about 2 classmates.*

NOM	ÂGE	ADRESSE	PROFESSEUR FAVORI	MATIÈRE FAVORITE
1. Nicole Mercier	15	613, av. Tulipe	M. Vernier	la géographie
2. Charles Campeau	14	717, rue Rose	Mme Goyeau	le français
3. Philippe Garneau	12	878, av. Boucher	Mlle Moreau	l'histoire
4. Jean Lafleur	13	15, av. Boulanger	Mlle Trudeau	l'anglais
5. Denise Potvin	11	991, rue Sauveur	M. Perrier	les mathématiques

H Comment dit-on en français?

Cherchez dans la liste!

1. *after school*
2. *When are you going home?*
3. *How are you?*
4. *What's his name?*
5. *He asks questions.*
6. *What's she doing?*
7. *Well done!*
8. *Does he have any sisters?*
9. *Why are they staying?*
10. *Where does she live?*
11. *We're on time.*
12. *I'm going to bed.*

Il pose des questions.
Que fait-elle?
après les classes
Comment vas-tu?

Quand rentres-tu?
Pourquoi restent-ils?
Comment s'appelle-t-il?
Nous sommes à l'heure.

C'est très bien!
A-t-il des soeurs?
Où habite-t-elle?
Je vais au lit.

I Des questions, s'il vous plaît!

Change these statements into questions, using inversion.

1. Il a une soeur.
2. Elle aime les mathématiques.
3. Il va au cinéma.
4. Il parle français.
5. Elle mange dans la cafétéria.
6. Il écoute ses disques.
7. Elle regarde la télé.
8. Elle arrive demain.
9. Elle travaille samedi.

J Questions personnelles

a) Ask a classmate the questions below.   *b) Describe your classmate, using the pronoun* il *or* elle.
c) How would you answer the questions?

1. Quel âge as-tu?
2. Habites-tu un appartement?
3. Dans quelle rue habites-tu?
4. As-tu des frères et des soeurs?
5. Comment vas-tu à l'école?
6. Qu'est-ce que tu étudies à l'école?
7. Aimes-tu l'école? les professeurs?
8. À quelle heure est-ce que tu prends le dîner?
9. Que fais-tu après le dîner?
10. Est-ce que tu prends des leçons de musique?

UNE VISITE À TORONTO

L'hôtel de ville

L'ancien hôtel de ville

Le planétarium McLaughlin

Le

Le Centre des

Ontario Place

Fort York

Le centre O'Keefe

La gare Union

Saint-Laurent

Le quartier Yorkville

La bibliothèque universitaire
John P. Robarts

Casa Loma

L'édifice du Parlement

UNITÉ DEUX

In this unit you will learn:

how to use adjectives with
  singular nouns;
how to use adjectives with
  plural nouns;
how to use certain irregular
  adjectives;
how to describe yourself and
  others;
how to use color adjectives;
how to use adjectives to express
  nationalities;
how to use *premier*, *deuxième*, etc.
  (first, second, etc.)

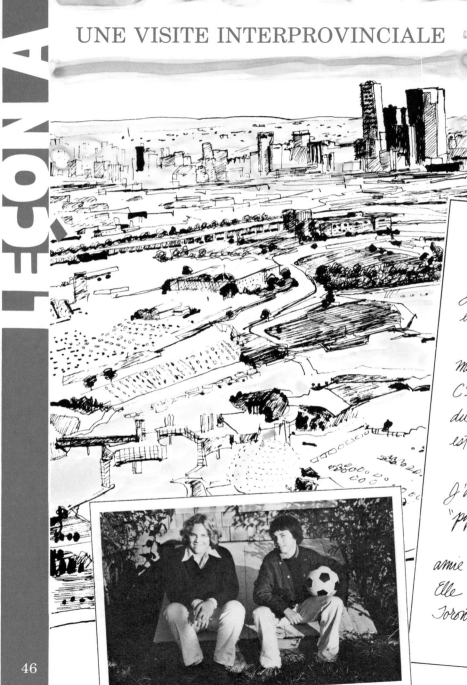

Toronto, le 31 octobre.

Cher Jean-Paul,

Salut! Je m'appelle Tom Barton. Je suis ton partenaire pour la visite entre nos deux écoles, le 10 novembre.

Naturellement, je parle anglais chez moi, mais j'apprends le français à l'école. C'est très intéressant. Je suis le président du club français. Notre professeur, M. Trudelle, est très sympathique.

J'ai quatorze ans. Je suis petit et brun. J'aime les livres, les sports et la musique "pop".

Moi, je ne suis pas très beau, mais mon amie Karen est belle, blonde et intelligente! Elle organise une party pour ta visite à Toronto!

à bientôt,
Tom

Montréal, le 6 novembre

Cher Tom,

Merci de ta lettre intéressante. Moi aussi, j'ai quatorze ans. Je suis blond et assez grand. Je suis le capitaine de l'équipe de basket-ball de mon école.

Moi aussi, j'aime la musique. J'ai une grande collection de disques "pop"!

J'ai une soeur et un frère. Ma soeur s'appelle Lisette. Elle a douze ans et elle est petite et brune. Mon frère s'appelle Marc. Il a dix-neuf ans et il est à l'université. Marc a une voiture de sport anglaise. Elle est magnifique!

J'arrive chez toi le 10 novembre. À bientôt!

Ton ami,
Jean-Paul

LA LETTRE DE TOM

A Vrai ou faux?

1. La date de la visite, c'est le neuf novembre.
2. Tom déteste le français.
3. M. Trudelle est sympathique.
4. Tom est beau.
5. Jean-Paul visite Hamilton.

B Questions

1. Qui est le partenaire de Tom pour la visite interprovinciale?
2. De quel club est-ce qu'il est le président?
3. Quel âge a Tom?
4. Comment est Karen?
5. Qu'est-ce que Karen organise pour la visite de Jean-Paul?

LA LETTRE DE JEAN-PAUL

A Vrai ou faux?

1. Jean-Paul a quinze ans.
2. Il aime le basketball.
3. Il aime la musique "pop".
4. Il a deux soeurs et deux frères.
5. Son frère a une voiture de sport française.

B Questions

1. Comment est Jean-Paul?
2. Quelle musique aime-t-il?
3. Comment s'appellent sa soeur et son frère?
4. Comment sont-ils?
5. Quand est-ce qu'il arrive chez Tom?

VOCABULAIRE

masculin

un club	*club*
un partenaire	*partner*
un président	*president*

féminin

une collection	*collection*
une lettre	*letter*

prépositions

entre	*between*

verbes

apprendre	*to learn*

adjectifs

anglais, anglaise	*English*
beau, belle	*beautiful, handsome*
blond, blonde	*blonde*
brun, brune	**brown, brown-haired**
cher, chère	*dear*
français, française	*French*
grand, grande	*tall, big*
intelligent, intelligente	*intelligent*
intéressant, intéressante	*interesting*
interprovincial, interprovinciale	*interprovincial, between provinces*
magnifique	*great, magnificent*
petit, petite	*small, little*

expressions

assez	*rather, quite; enough*
naturellement	*naturally*

LES ADJECTIFS SINGULIERS

masculin	féminin
1. Il est petit.	Elle est petite.
2. Il est grand.	Elle est grande.
3. Il est brun.	Elle est brune.
4. Il est français.	Elle est française.

To form the feminine of most adjectives, add "e" to the masculine form.

STOP *These adjectives do not follow the regular pattern.*

Il est sympathique.	Elle est sympathique.
Il est beau.	Elle est belle.
Cher Jean-Paul, . . .	Chère Marianne, . . .

STOP Prononcez bien!

petit, petite
intelligent, intelligente
intéressant, intéressante
grand, grande
blond, blonde
sourd, sourde

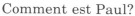

Comment est Claudette?

Elle est belle, . . . blonde, . . . grande, . . . intelligente et sympathique.

Elle est française.

Comment est Paul?

Il est beau, . . . brun, . . . petit, . . . intelligent et sympathique.

Il est anglais.

Regarde les belles photos!

- Voici une photo de mon père.
- Il est beau!
- Oui. Il est grand et blond.
- Et voici mon père.
- Tiens! Il est beau aussi!
- Oui. Il est petit et brun.

| 1. mon frère | 2. ma mère | 3. mon copain |
| 4. ma soeur | 5. ma copine | 6. ma cousine |

49

A Beau ou belle?

La maison est belle.

1.

2.

3.

4.

5.

6.

B Petit ou petite?

La chaise est petite.

1.

2.

3.

4.

5.

6.

C Quelle forme de l'adjectif?

beau: Le garçon est beau, la fille est belle.

1. français: un film . . . , une composition . . .
2. petit: Son frère est . . . . Sa soeur est . . . .
3. blond: L'enfant est . . . . La vendeuse est . . . .
4. interprovincial: une visite . . . , un tour . . .
5. grand: Le verre est . . . . La bouteille est . . . .
6. intelligent: une question . . . , un ami . . .
7. cher: . . . maman, . . . papa,
8. anglais: ta composition . . . , ton ami . . .
9. brun: Le garçon est . . . . L'hôtesse est . . . .
10. beau: Le bikini est . . . . La piscine est . . . .

SAVIEZ·VOUS?

la nationalité	la langue
allemand, allemande	l'allemand *(m.)*
chinois, chinoise	le chinois
espagnol, espagnole	l'espagnol *(m.)*
grec, grecque	le grec
italien, italienne	l'italien *(m.)*
japonais, japonaise	le japonais
portugais, portugaise	le portugais
russe, russe	le russe

1. Maria est de Lisbonne. Elle est portugaise, alors elle parle portugais.
2. Hans est de Berlin. Il est allemand, alors il parle allemand.
3. Olga est de Moscou. Elle est russe, alors elle parle russe.

D Tu aimes les chiens?

1. Voici un bouledogue.
2. Il s'appelle Winston.
3. Est-ce qu'il est grand ou petit?
4. Est-ce qu'il est intelligent?
5. Est-ce qu'il est beau?
6. Est-ce qu'il est aimable?
7. C'est un chien anglais ou français?

1. Voici un caniche.
2. Elle s'appelle Fifi.
3. Comment est-elle?

E Prononcez bien!

1. Georges est blond. Natalie est blonde.
2. Il est assez grand. Sa soeur est grande aussi.
3. C'est un livre intéressant. C'est une lettre intéressante.
4. Les Lafleur ont un petit garçon et une petite fille.
5. David est anglais. Anne est anglaise aussi.
6. Jean est assez intelligent. Marie, son amie, est très intelligente.
7. Je suis brun. Ma soeur n'est pas brune.
8. Il est sourd. Elle est sourde.

F Les substitutions

1. L'avion est grand. (ville, stade, bateau, école, collection, université)
2. Son auto est belle. (maison, cyclomoteur, poster, bicyclette, magnétophone, tourne-disque)
3. La cuisine est petite. (piscine, restaurant, voiture, magasin, centre d'achats, jardin)
4. Votre professeur est très intelligent. (soeur, père, directrice, mère, enfant, question)
5. Pierre a un accent français. (amie, ami, livre, moto, cyclomoteur, bicyclette)

G Les collections de M. Leriche

M. Leriche a une grande collection de . . .

52

H Tête-à-tête

You are going to send a cassette tape to your new pen pal in Quebec. Tell him as much as you can about yourself—your appearance, interests, school, family and friends.

«IL NE FAIT PAS SOUVENT DE SKI!»

1. En été, Jean-Claude fait du ski nautique sur le lac.
2. Maria est de Rome. Elle est italienne.
3. Chantal collectionne des disques. Elle a une collection formidable!
4. Voici ma lettre à Jean! Tu as une enveloppe et un timbre?
5. L'intelligence est l'ennemi de la stupidité.
6. M. Dufric est directeur d'une grande compagnie internationale.

LA SURPRISE

Micheline Benoît a quatorze ans. Après les classes, elle travaille dans le magasin de son père. Micheline aime son travail parce qu'elle gagne de l'argent et son père est un patron aimable.

Un jour, M. Benoît est absent. Micheline est seule dans le magasin. Un homme entre. Il est très grand et il porte un masque. Ce n'est pas un client, c'est un voleur!

Il demande l'argent de la caisse. Micheline donne l'argent au voleur. Soudain: « Crac! Boum! Aïe! » Le voilà sur le plancher! Micheline ramasse l'argent et téléphone à la police.

Quelle surprise pour le voleur! Micheline est championne de karaté!

Vocabulaire

une caisse	*cash register*
un client	*customer*
un homme	*man*
un patron	*boss*
le plancher	*floor*
le travail	*job, work*
un voleur	*thief, robber*
gagner	*to earn*
porter	*to wear*
ramasser	*to pick up*
seul	*alone*
soudain	*suddenly*

A Vrai ou faux?

1. Micheline travaille dans le bureau de son père.
2. M. Benoît est un patron pénible.
3. Micheline a quatre ans.
4. Elle donne un masque au voleur.
5. Micheline a une surprise pour le voleur.

B Questions

1. Quand est-ce que Micheline travaille pour son père?
2. Pourquoi est-ce qu'elle aime le travail?
3. Qui entre dans le magasin? Comment est-il?
4. Qu'est-ce qu'il demande?
5. Quelle est la surprise?

C Questions personnelles

1. Quel âge as-tu?
2. Que fais-tu après les classes?
3. Est-ce que tes parents travaillent?
4. Est-ce que tu fais du karaté? du judo?

D Vive la ressemblance!

Il y a, en français et en anglais, des mots comme <u>client</u> et <u>absent</u> qui se ressemblent. Lisez les phrases suivantes et trouvez les mots français qui sont équivalents aux mots anglais.

1. Votre accent est excellent!
2. Vite! L'agent est très impatient!
3. Oh là là! C'est un accident violent!
4. Le garçon a du talent — sa mère est très contente.
5. Où sont mes parents? C'est très urgent!
6. Mais monsieur le juge, je suis innocent!

E L'explosion des mots!

le nom	le verbe	la personne
un travail ⟶	travailler ⟶	un travailleur
un vol ⟶	voler ⟶	un voleur
un voyage ⟶	voyager ⟶	un voyageur
une visite ⟶	visiter ⟶	un visiteur
une annonce ⟶	annoncer ⟶	un annonceur

L'amphithéâtre du parc Jarry ▼

RUE DU MARCHÉ-BONSECOURS

La place des Arts ▼

L'hôtel de ville ▲

ARRÊT STOP

◄ La rue St-Paul

Montréal: la nuit ▲

Terre des Hommes sur l'île Ste-Hélène ▼

La rue ▲
de la
Montagne

▲ La place
du Canada

Une calèche ▶

▲ L'église
Notre-Dame-
de-Bonsecours

Le stade ▶
Olympique

DEUX FAMILLES CANADIENNES

LES BARTON

Tom Barton et ses parents habitent un grand immeuble à Toronto. Leur appartement est au dixième étage et ils ont une belle vue sur la ville.

C'est un immeuble assez moderne — il y a une grande piscine et un court de tennis.

Il y a cinq pièces dans l'appartement: deux chambres à coucher, une cuisine, un salon et une salle de bains. C'est un petit appartement, mais il est très confortable.

Les Barton ont une voiture américaine: une Chevrolet verte. Ils stationnent leur voiture dans le parking à côté de l'immeuble.

La famille a aussi un gros chat blanc. Il s'appelle Felix!

LES LEBRUN

Jean-Paul, Marc, Lisette et leurs parents habitent à Montréal. Ils ont une belle maison — c'est une maison blanche avec deux étages et huit pièces.

Au sous-sol, il y a une salle de récréation avec une table de Ping-Pong.

À côté de la maison il y a un petit garage où les Lebrun stationnent leur voiture. C'est une auto française : une Renault bleue.

Derrière la maison il y a un joli jardin où il y a beaucoup de belles fleurs et deux grands arbres.

Les Lebrun ont aussi un grand chien noir. Il s'appelle Charlemagne!

LES BARTON

A Vrai ou faux?

1. Les Barton habitent un petit immeuble à Montréal.
2. Leur appartement a cinq pièces.
3. Les Barton ont deux fils.
4. Ils ont un chat blanc.
5. Les Barton stationnent leur voiture sur leur immeuble.

B Questions

1. Où est l'appartement des Barton?
2. Combien de pièces y a-t-il dans leur appartement? Nommez les pièces.
3. Comment est l'appartement des Barton?
4. De quelle couleur est leur voiture?
5. Qui est Tom? Qui est Felix?

LES LEBRUN

A Vrai ou faux?

1. Les Lebrun habitent une maison.
2. Ils habitent à Chicoutimi.
3. Ils n'ont pas de jardin.
4. Les Lebrun ont une voiture française.
5. Ils ont un chien blanc.

B Questions

1. Où habitent les Lebrun?
2. Comment est leur maison?
3. Qu'est-ce qu'il y a dans la salle de récréation? derrière la maison?
4. Comment s'appelle leur chien?
5. Combien de personnes y a-t-il dans la famille Lebrun?

VOCABULAIRE

masculin

un arbre	tree
un chat	cat
un chien	dog
un court de tennis	tennis court
un étage	storey, floor (of a building)
un fils	son
un parking	parking lot
un sous-sol	basement

féminin

une fille	daughter, girl
une fleur	flower
une pièce	room
une vue	view

verbes

stationner	to park

adjectifs

américain, américaine	American
canadien, canadienne	Canadian
confortable	comfortable
gros, grosse*	big, fat
joli, jolie*	pretty

expressions

au dixième étage	on the tenth floor
beaucoup de	many

These adjectives precede the noun.

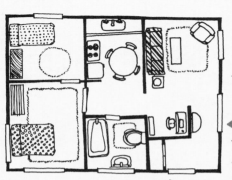

LA LANGUE VIVANTE

Une pièce — c'est un terme général:
Il y a huit pièces dans la maison.

◄ Combien de pièces y a-t-il dans l'appartement?

Une chambre — d'habitude, il y a un lit dans une chambre:

◄ Roger étudie dans sa chambre (à coucher).
Il y a deux cents chambres dans l'hôtel.

Une salle — c'est un terme spécifique:

une salle de classe   une salle à manger ►
une salle de bains   une salle de récréation

LES COULEURS

blanc, blanche	*white*
bleu, bleue	*blue*
brun, brune	*brown*
gris, grise	*grey*
jaune	*yellow*
noir, noire	*black*
orange	*orange*
rouge	*red*
vert, verte	*green*
violet, violette	*violet*

De quelle couleur est . . . ?

la neige?

un saphir?

le chocolat?

un castor?

une banane?

une grenouille?

une carotte?

une souris?

un disque?

une pomme?

une prune?

le drapeau canadien?

61

LA POSITION DES ADJECTIFS

In French, most adjectives follow the noun they describe:

> un restaurant français
> un film formidable
> une auto bleue
> une lettre intéressante

Only a few adjectives come before the noun. The most common are:

> un beau jardin
> un grand stade
> un jeune professeur
> un petit goûter
> une jolie maison
> un gros chien

Before a singular masculine noun beginning with a vowel sound, beau *becomes* bel.

> C'est un beau jardin.
> C'est un bel arbre.

STOP Attention à la liaison!

> un gros avion
> un grand arbre
> un petit enfant

JOLIE FILLE AUTO BLEUE

A J'adore les voitures!

> – Qu'est-ce que tu as comme voiture?
> – Une Corvette rouge. C'est une auto américaine. Elle est formidable!

1. Jaguar	2. Peugeot	3. Ford	4. Toyota
vert	blanc	gris	brun
anglais	français	américain	japonais
beau	joli	grand	petit

B Une sélection difficile!

> – Vous aimez le brun, madame?
> – Ah non! Je n'aime pas ça!
> – Le noir?
> – Non! Je déteste le noir!
> – Alors, le blanc?
> – Formidable!

1. rouge	2. bleu	3. blanc
violet	vert	bleu
oh là là	magnifique	formidable

4. gris	5. vert
orange	jaune
fantastique	peut-être

A Tête-à-tête

Relis la description des familles Barton et Lebrun.
Change les détails et parle de ta famille.

B Qu'est-ce que tu préfères?

– Moi, je préfère un bikini jaune!

blanc
bleu
brun
gris
jaune
noir
orange
violet
rouge
vert

C Le bon usage

Complétez avec pièce, chambre ou salle.

1. Sa maison a neuf . . . .
2. Lucie est malade. Elle est dans sa . . . .
3. Les élèves vont à leur . . . de classe maintenant.
4. Combien de . . . y a-t-il dans ton appartement?
5. Jean-Guy! Tu es dans la . . . de bains?

D Faites des phrases!

Quel adjectif?
Quelle forme?
Quelle position?

C'est une ville américaine.
J'ai une soeur intelligente.
Mon voisin a un gros chien.

les noms	les adjectifs
fille	américain
soeur	joli
arbre	bleu
pièce	grand
sport	gros
professeur	canadien
chien	petit
visite	intelligent
film	beau
cyclomoteur	intéressant
cadeau	jeune
chaise	français
chat	magnifique
ville	blanc
frère	violet
élève	
vue	
voyage	
fleur	

63

E Où stationne-t-il?

Il stationne sa voiture dans la rue devant le cinéma.

1.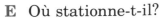

2.

3.

4.

5.

6.

F Questions personnelles

1. As-tu un chat? un chien? Comment s'appelle-t-il?
   De quelle couleur est-il? Comment est-il?
2. Y a-t-il un court de tennis à ton école? près de chez toi?
3. Ton école a combien d'étages?
4. Combien d'étages y a-t-il dans ta maison ou dans ton
   immeuble?
5. Nomme les pièces. De quelle couleur sont-elles?
6. Où est-ce que ta famille stationne la voiture?
7. Y a-t-il une salle de récréation chez toi? Comment est-elle?
8. Nomme une jolie fille ou un beau garçon à la télé,
   dans les films, dans ton école, dans ta classe.
9. Quelles couleurs aimes-tu?
10. De quelle couleur est ta chambre? ta bicyclette?
    ta maison? la voiture de ta famille? ta salle de classe?

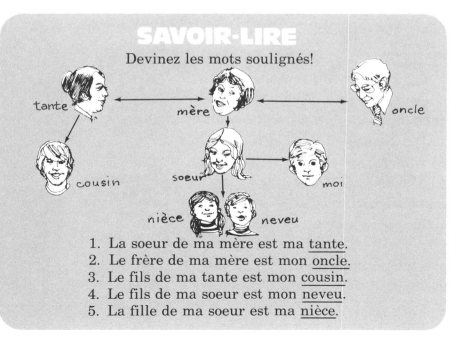

SAVOIR-LIRE
Devinez les mots soulignés!

1. La soeur de ma mère est ma tante.
2. Le frère de ma mère est mon oncle.
3. Le fils de ma tante est mon cousin.
4. Le fils de ma soeur est mon neveu.
5. La fille de ma soeur est ma nièce.

L'océan Arctique

L'océan Atlantique

LE YUKON

LES TERRITOIRES DU NORD-OUEST

TERRE-NEUVE

La baie d'Hudson

LE LABRADOR

Montagnes Rocheuses

LA COLOMBIE BRITANNIQUE

L'ALBERTA

LA SASKATCHEWAN

LE MANITOBA

LE QUÉBEC

Les Laurentides

L'ÎLE DU PRINCE-ÉDOUARD

Vancouver

L'ONTARIO

LA NOUVELLE-ÉCOSSE

L'océan Pacifique

Ottawa

Montréal

LE NOUVEAU-BRUNSWICK

Les États-Unis

Toronto

LE CANADA

Après l'Union soviétique, le Canada est le plus grand pays du monde.

Il y a dix provinces au Canada. De l'ouest à l'est, elles sont: la Colombie britannique, l'Alberta, la Saskatchewan, le Manitoba, l'Ontario, le Québec, le Nouveau-Brunswick, l'Île du Prince-Édouard, la Nouvelle-Écosse et Terre-Neuve.

Le Canada est bordé à l'est par l'océan Atlantique, à l'ouest par l'océan Pacifique, au nord par l'océan Arctique et au sud par les États-Unis.

Grâce à ses montagnes, ses forêts, ses plaines fertiles et ses lacs, le Canada est un pays très riche en ressources naturelles — par exemple, les minerais, les produits forestiers, le blé et le pétrole.

Le Canada est aussi un pays de grandes villes comme Montréal, Toronto et Vancouver. La capitale est située au centre du pays, dans la ville d'Ottawa.

Le Canada, c'est le pays de l'avenir!

LÉGENDE		
Ag	l'argent	*silver*
🐃	le bétail	*cattle*
	les produits laitiers	*dairy products*
🐟	le blé	*wheat*
Cu	le cuivre	*copper*
⚡	l'électricité	*electricity*
⚒	le fer	*iron*
	la fourrure	*furs*
◊	le gaz	*natural gas*
🏭	l'industrie	*industry*
	les moutons	*sheep*
Au	l'or	*gold*
☐	les papeteries	*paper mills*
	la pêche	*fishing*
🛢	le pétrole	*petroleum*
Pb	le plomb	*lead*
▲	les produits forestiers	*forest products*
⊗	l'uranium	*uranium*

Vocabulaire

l'avenir	*future*
le blé	*wheat*
la campagne	*countryside*
une carte	*map*
l'est	*east*
les minerais	*minerals*
le monde	*world*
le nord	*north*
l'ouest	*west*
un pays	*country, nation*
le pétrole	*petroleum*
le sud	*south*
le plus grand . . .	*the largest . . .*
bordé . . . par	*bounded . . . by*
grâce à . . .	*thanks to*

A Vrai ou faux?

1. Le Canada est le plus grand pays du monde.
2. Il y a dix provinces au Canada.
3. Le Canada est bordé à l'est par l'océan Pacifique.
4. Le Canada n'a pas de ressources naturelles.
5. Ottawa est la capitale du Canada.

B Questions

1. Combien de provinces y a-t-il au Canada?
2. Nommez quatre provinces dans l'ouest du Canada.
3. Nommez deux ressources naturelles canadiennes.
4. Nommez trois grandes villes canadiennes.
5. Où est-ce que la capitale du Canada est située?

C Questions personnelles

1. D'où es-tu?
2. Est-ce que tu habites la campagne ou la ville?
3. Où est-ce que tu préfères habiter — près des montagnes ou près de l'océan?
4. Est-ce qu'il y a un lac près de chez toi? Comment s'appelle-t-il?

D Vive la différence!

français	anglais
la Russ<u>ie</u>	*Russ<u>ia</u>*
l'Asie	?
l'Australie	?
l'Algérie	?
la Scandinavie	?
la Yougoslavie	?

E L'explosion des mots!

Les points cardinaux

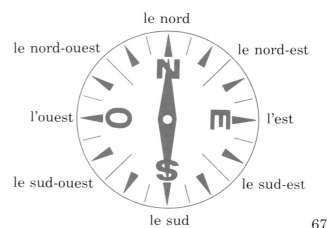

le nord

le nord-ouest   le nord-est

l'ouest   l'est

le sud-ouest   le sud-est

le sud

▲ Mont Norquay au parc national de Banff en Alberta

▲ Le canotage sur un lac au Manitoba

▲ La ville de Québec

Vancouver, la Colombie britannique ▼

Un grenier-élévateur en Saskatchewan ▼

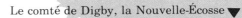

▲Une ferme sur l'Île du Prince-Édouard

▲L'anse Pouch, Terre-Neuve

Les chutes
du Niagara en Ontario ▼

La pêche au Nouveau-Brunswick ▼

Le comté de Digby, la Nouvelle-Écosse ▼

LA VISITE DE JEAN-PAUL

A C'est le 10 novembre. Les élèves de Toronto rencontrent leurs amis de Montréal à la gare. Tom est très content de rencontrer Jean-Paul.

TOM – Salut, Jean-Paul! Bienvenue à Toronto!

JEAN-PAUL – Merci, Tom. C'est ma première visite à Toronto. Quelle grande ville!

TOM – Où sont tes valises, Jean-Paul?

JEAN-PAUL – Là-bas. Elles sont brunes.

TOM – Eh bien, en route!

JEAN-PAUL – D'accord!

TOM – Nous allons chez moi. Toute la famille est là. Ma mère prépare un bon goûter pour nous.

JEAN-PAUL – Bonne idée! J'ai très faim!

B Le lendemain, Tom et Jean-Paul font un petit tour à Toronto. Tom montre les beaux parcs et tous les grands bâtiments à son ami.

> TOM – Voilà la tour CN, Jean-Paul!
>
> JEAN-PAUL – Elle est très haute!
>
> TOM – Oui, et les ascenseurs sont très rapides!
>
> JEAN-PAUL – C'est fantastique!

Jean-Paul dépense tout son argent dans un petit magasin à la tour CN. Il achète des souvenirs pour ses copains à Montréal. Une heure plus tard, les amis visitent le Centre des Sciences.

C Quelle chance! Tom a des billets pour un match de hockey au: Maple Leaf Gardens! C'est les Canadiens contre les Leafs. À huit heures moins le quart, les garçons trouvent leurs places. À huit heures, toutes les places sont occupées et le match commence. Deux minutes plus tard, les Canadiens marquent un but!

JEAN-PAUL – Bravo, les Canadiens! Allez-y!

TOM – Comment? Tu n'es pas pour les Leafs?

JEAN-PAUL – Pour les Leafs? Tu es fou?!?

C'est la dernière minute du match. Tout à coup, les Leafs marquent un but! C'est match nul. Tom et Jean-Paul sont toujours amis!

A Vrai ou faux?

1. Les élèves de Toronto rencontrent leurs amis de Montréal à l'aéroport.
2. Les valises de Jean-Paul sont brunes.
3. Jean-Paul a soif.

Questions

1. Qui prépare un goûter pour les garçons?
2. Quelle est la date? Quelle est la saison?
3. Est-ce que c'est la deuxième visite de Jean-Paul à Toronto?

B Vrai ou faux?

1. La tour CN est très haute.
2. Jean-Paul dépense tout son argent au cinéma.
3. Le Centre des Sciences n'est pas moderne.

Questions

1. Le lendemain, que font Tom et Jean-Paul?
2. Comment sont les ascenseurs à la tour CN?
3. Qu'est-ce que Jean-Paul achète à la tour CN?

C Vrai ou faux?

1. Tom a des billets pour un match de football.
2. C'est les Canadiens contre les Leafs.
3. Jean-Paul adore les Leafs.

Questions

1. À quelle heure est-ce que le match commence?
2. Qui marque le premier but?
3. À la fin du match, pourquoi est-ce que Tom et Jean-Paul sont toujours amis?

VOCABULAIRE

masculin

un ascenseur	*elevator*
le Centre des Sciences	*(Ontario) Science Center*
le lendemain	*next day*
un parc	*park*
un souvenir	*souvenir*

féminin

une gare	*train station*
une idée	*idea*
une valise	*suitcase*

verbes

acheter	*to buy*
dépenser	*to spend*
marquer un but	*to score a goal*

adjectifs

beaux *(pl.)**	*beautiful*
bon, bonne*	*good*
content, contente	*glad, happy*
dernier, dernière*	*last*
fantastique	*fantastic*
fou, folle	*crazy*
haut, haute*	*high*
occupé, occupée	*occupied; busy*
premier, première*	*first*
quel, quelle	*which; what (a)*
rapide	*fast*
tout, toute	*all, every*

expressions

bravo!	*bravo! hooray!*
c'est match nul	*it's a tie game*
comment?	*what?*
en route!	*off we go!*
être content(e) de...	*to be happy to...*
quelle chance!	*what luck!*
toujours	*still; always*
tout à coup	*suddenly*

*précèdent le nom: un bon ami

L'IMMEUBLE DE TOM

Tom et ses parents habitent au dixième étage.

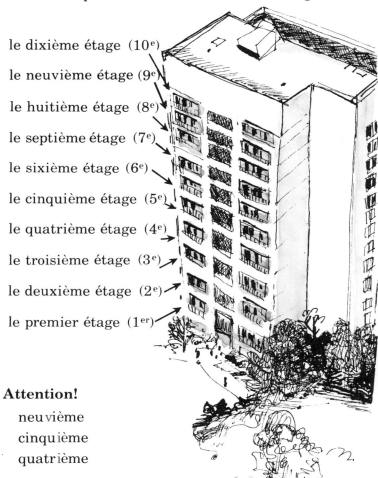

le dixième étage (10ᵉ)

le neuvième étage (9ᵉ)

le huitième étage (8ᵉ)

le septième étage (7ᵉ)

le sixième étage (6ᵉ)

le cinquième étage (5ᵉ)

le quatrième étage (4ᵉ)

le troisième étage (3ᵉ)

le deuxième étage (2ᵉ)

le premier étage (1ᵉʳ)

Attention!

neuvième

cinquième

quatrième

C'est le premier étage. (Attention à la liaison!)
C'est ma première leçon.

LES ADJECTIFS PLURIELS

The plural of most French adjectives is written by adding the letter "s" to the singular form.

singulier	pluriel
C'est un ami intelligent.	➜ C'est des amis intelligen‌ts
C'est une ville anglaise.	➜ C'est des villes anglaises
Voilà une auto rapide!	➜ Voilà des autos rapides!
C'est un petit magasin.	➜ C'est de petits magasins.
Il y a un joli parc ici.	➜ Il y a de jolis parcs ici.
Elle a une bonne idée!	➜ Elle a de bonnes idées!
Il est petit. Elle est petite aussi.	➜ Ils sont petits.

 Some adjectives do not follow this pattern:
le beau jardin ➜ les beaux jardins

Adjectives ending in "s" in the singular remain unchanged in the plural:
le chat gris ➜ les chats gris

 Use de *instead of* des *before adjectives which precede the noun:* Mon voisin a de belles fleurs.

Liaison! de beaux arbres, de bons élèves

LE VERBE *ACHETER (to buy)*

J'achète	nous achetons
tu achètes	vous achetez
il achète	ils achètent
elle achète	elles achètent

Attention aux accents!

L'ADJECTIF *TOUT (all, every)*

	singulier	pluriel
masculin	tout le livre	tous les livres
féminin	toute la classe	toutes les classes

SAVIEZ-VOUS?

Au Canada	En France
Pour un Canadien, c'est le quatrième étage.	Pour un Français, c'est le troisième étage. Les Français ne comptent pas le rez-de-chaussée.

* rez-de-chaussée *(ground floor)*

SAVIEZ-VOUS?

Les yeux et les cheveux

1. Denise est brune. Elle a les cheveux bruns et les yeux bruns.
2. François est blond. Il a les cheveux blonds, mais il a les yeux bleus.
3. Pierre est roux. Il a les cheveux roux, mais il a les yeux verts.
4. Anne est noire. Elle a les cheveux noirs, mais elle a les yeux bruns.

les cheveux   les yeux

De quelle couleur sont tes cheveux?
As-tu les cheveux bruns? noirs? blonds? roux?
As-tu les yeux bleus? bruns? verts? noirs? gris?

A Acheter, c'est dépenser!

– Où est-ce que Paul achète ses disques?
– En ville.
– Ils sont formidables!

1. vous
   livres
   au centre d'achats
   intéressants

2. les Leriche
   voitures de sport
   à Rome
   rapides

3. Georges
   posters
   chez Eaton
   magnifiques

4. Brigitte
   bikinis
   à Paris
   petits

5. tu
   pizzas
   chez Mario
   bonnes

6. les touristes
   souvenirs de Toronto
   à la tour CN
   beaux

B Les activités

– Où sont tous les élèves?
– À la piscine
– Comment?
– Oui! Ils sont à la piscine tous les jeudis!

1. les filles
   au cinéma
   les samedis

2. les garçons
   à la bibliothèque
   la journée

3. la famille
   au supermarché
   les vendredis

4. les enfants
   en ville
   le temps

5. les amis
   au centre d'achats
   les jours

6. les copines
   chez Jean-Claude
   les soirs

75

A Quelle forme de l'adjectif?

1. rapide: un bateau . . . , des motos . . .
2. premier: leur . . . visite, son . . . voyage
3. haut: une . . . tour, un . . . bâtiment
4. fou: un professeur . . . , des idées . . .
5. bon: un . . . repas, une . . . leçon
6. content: des familles . . . , des garçons . . .
7. tout: . . . l'argent, . . . les professeurs
8. tout: . . . la semaine, . . . les écoles
9. beau: un . . . appartement, une . . . idée
10. gros: une . . . pomme, un . . . arbre

B Les substitutions

Remplacez les mots soulignés. Changez la forme de l'adjectif, si nécessaire.

1. C'est un bon gâteau. (disque, dîner, classe, pizza, livre, ville)
2. Leurs professeurs sont très contents. (élèves, fils, soeurs, parents, enfants, filles)
3. Voilà des trains rapides. (bicyclettes, avions, voitures, cyclomoteurs)
4. Les centres d'achats sont grands. (aéroports, écoles, universités, magasins, bibliothèques, restaurants)
5. C'est mon premier chien. (visite, match, question, voyage, lettre)
6. Je vais au cinéma avec toute la famille. (élèves, classe, amis, copains, club)

C Les exclamations!

Quel enfant!

1.

2.

3.

4.

5.

6.

D Tête-à-tête: Un visiteur du Québec

You meet an exchange visitor from Quebec.
How would you . . .

1. . . . *introduce yourself?*
2. . . . *welcome him to your city?*
3. . . . *ask him how he is?*
4. . . . *tell him that there's a party tomorrow at your place?*
5. . . . *tell him you're taking a bus tour of the city?*
6. . . . *tell him his English is very good?*
7. . . . *say you like your city?*
8. . . . *ask him if he likes the city?*

SAVOIR-LIRE

Devinez les mots soulignés.

1. Mon copain Jacques habite au <u>vingtième</u> étage.
2. À New York, il y a des bâtiments très hauts. Ce sont des <u>gratte-ciel</u>.
3. Zut! Mes <u>bagages</u> sont toujours dans le train!
4. Nous allons au <u>jardin zoologique</u>. Il y a des <u>lions</u>, des <u>tigres</u>, des <u>éléphants</u> et des <u>girafes</u>.
5. Philippe adore le hockey; il est le <u>gardien de but</u> de son équipe.

E Les billets

le 17 avril 20 h 00   rang 2   place 42B

Tom est au deuxième rang, place 42B.

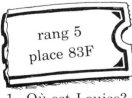

rang 5 place 83F

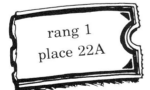

rang 1 place 22A

rang 8 place 71C

1. Où est Louise?
2. . . . David?
3. . . . Marc?

rang 9 place 57D

rang 6 place 66G

rang 10 place 65E

4. . . . Jeanne?
5. . . . Marcel?
6. . . . Thérèse?

F La fête des phrases

Faites des phrases avec le verbe *acheter*.

1. Elle . . .
2. Les élèves . . .
3. J' . . .
4. Marc . . .

5. Tu . . .
6. Nous . . .
7. Vous . . .
8. Ils . . .

G Vocabulaire en images

1. Mes 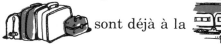 sont déjà à la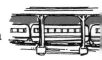

2. Il y a un match de 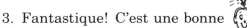 dans le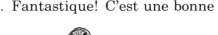

3. Fantastique! C'est une bonne  .

4. Où est ? Là-bas!

5. La est très haute.

H Questions personnelles

1. Est-ce que tu habites en ville?

2. Aimes-tu la ville?

3. Est-ce qu'il y a une gare dans ta ville? Où?

4. Est-ce qu'il y a des parcs dans ta ville? Où?

5. Où est ton école? Comment est-elle?

6. As-tu souvent des amis chez toi?

7. Quelle équipe de hockey aimes-tu?

8. Quand est-ce que tu es content?

PERSPECTIVES

Le chinois est parlé par 700 millions de personnes, mais la langue est concentrée en Chine. Le français est parlé par 100 millions de personnes, mais pour le voyageur, il est plus important que le chinois à cause de sa vaste distribution dans le monde.

Le français est une langue officielle dans beaucoup de pays en Europe, en Afrique et en Amérique du Nord. Voici des pays où le français est une langue officielle:

L'Algérie	Le Luxembourg
La Belgique	Le Maroc
Le Canada	La Suisse
La France	La Tunisie

«DOMMAGE! L'ASCENSEUR NE MARCHE PAS!»

ANDRÉ LE DÉTECTIVE

André joue toujours au détective. Un jour, il voit la photo d'un criminel dans le journal. André étudie la description sous la photo : «Georges Monceau... 35 ans... grand... brun... yeux noirs... très dangereux... récompense, mille dollars.»

Deux semaines plus tard, André est dans un restaurant. Il y a un homme à une autre table. Il est grand, brun ... et il a les yeux noirs! C'est Georges Monceau! André téléphone tout de suite à la police.

Les agents arrivent et questionnent le client. L'homme, très surpris, donne sa carte d'identité à un agent. L'agent regarde la carte pendant quelques instants. Il a l'air embarrassé. Enfin, il montre la carte à André. La carrière d'André le détective est finie!

Vocabulaire

un journal	*newspaper*
un prêtre	*priest*
une récompense	*reward*
jouer	*to play*
voir (il voit)	*to see*
dangereux	*dangerous*
il a l'air	*he seems*
fini(e)	*finished*

A Vrai ou faux?

1. La photo du criminel est dans le journal.

2. Georges Monceau est petit et blond.

3. La récompense est de mille dollars.

4. André va à pied à la station de police.

5. Fernand Rousseau travaille dans le restaurant.

B Questions

1. Comment est Georges Monceau?

2. Qu'est-ce que le client donne à l'agent?

3. Comment s'appelle l'homme dans le restaurant?

4. Où habite-t-il?

5. Quelle est sa profession?

C Questions personnelles

1. Est-ce que tu aimes les programmes policiers à la télé?

2. Comment es-tu? Fais une petite description de toi-même.

D Vive la ressemblance!

anglais	**français**
restau<u>rant</u>	*restau<u>rant</u>*
important	?
distant	?
instant	?
constant	?
occupant	?
assistant	?
immigrant	?

E L'explosion des mots!

les yeux *(un oeil)*

le nez

les cheveux *(m.)*

la bouche

l'oreille *(f.)*

les dents *(f.)*

81

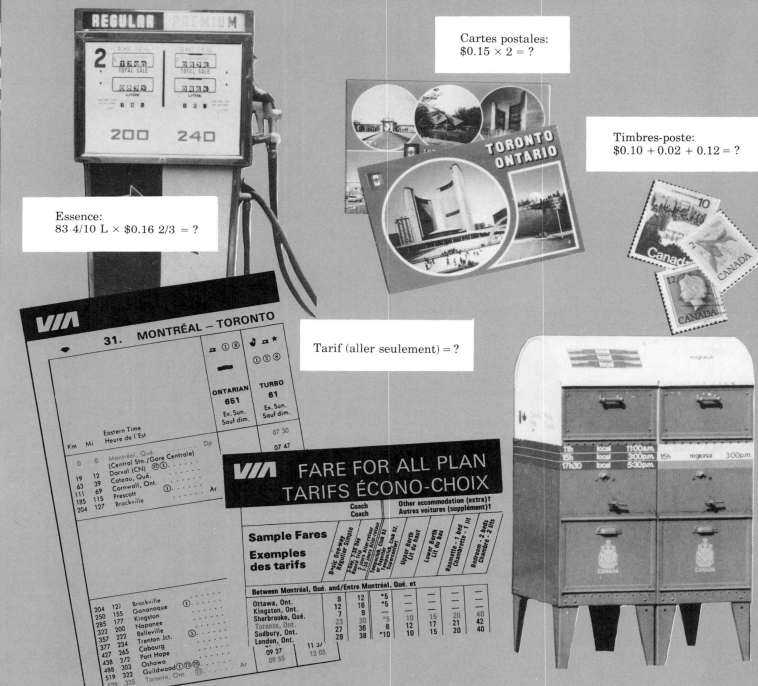

Cartes postales:
$\$0.15 \times 2 = ?$

Timbres-poste:
$\$0.10 + 0.02 + 0.12 = ?$

Essence:
$83\ 4/10\ \text{L} \times \$0.16\ 2/3 = ?$

Tarif (aller seulement) = ?

SPÉCIAL DU JOUR
$1.69

POTAGE ET DESSERT COMPRIS

NOTRE MENU

ENTRÉES		DE NOTRE GRIL		CASSE-CROÛTE	
Salade du chef	70¢	Steak minute	$2.95	Hot roastbeef	$2.35
Jus de tomate	30¢	Steak haché, 5 oz	$1.90	Hot hamburger	$1.92
Soupe du jour	40¢	Steak au poivre, 5 oz	$3.25	Hot chicken	$1.95
Soupe à l'oignon gratinée	$1.00	Steak aux champignons, 5 oz	$3.25	Rosbif au jus	$2.97
Fondue parmesan (2)	$1.25	Steak à la moutarde	$3.25	Club sandwich	$2.98
		Filet mignon, 6 oz	$3.48		
SALADES		Entrecôte maître d'hôtel, 5 oz	$4.99	DESSERT	
Salade de poulet	$1.95	Steak au poivre ½ lb.	$3.75	Gâteau maison	50¢
Salade de thon	$2.10	Brochette du chef		Tartes	50¢
Salade de jambon	$1.95				
Salade aux oeufs	$1.85	SUR LE POUCE		BREUVAGES	
		Croque-Monsieur	$1.25	Thé, café	30¢
LES À CÔTÉS		Spaghetti italien	$1.95	Liqueurs douces	30¢
Champignons sautés	75¢	Hamburger	.80¢	Lait	30¢
Patates frites	40¢	Cheeseburger	.95¢	Limonade	.60¢
Oignons français	75¢	Fish and ships	$1.85	Liqueurs douces (grand format)	60¢

Déjeuner:　soupe du jour
　　　　　　steak haché
　　　　　　Gâteau maison
　　　　　　Lait

　　　　　　　　Total = ?

Monnaie:
$5.00 − ? = ?

Ascenseur
au sommet:
$2.25

Souvenirs:
$2.75 + $5.95 = ?

Grand Total: = ?

A De quelle couleur est . . . ?

1. le lait?
2. le chocolat?
3. une tomate?
4. un arbre?
5. une pomme?
6. le café?
7. le fromage?
8. un téléphone?
9. le papier?
10. ton stylo?
11. ta salle de classe?
12. ton livre de français?

B Les adjectifs

Faites des phrases.
Employez tous les adjectifs!

> La ville est grande.
> C'est une grande ville.

1. ville / grand, beau, petit
2. école / bon, beau, grand
3. fleur / violet, rouge, bleu
4. avion / gros, beau, grand
5. fille / grand, beau, petit
6. idée / bon, intelligent, fou
7. chien / joli, beau, anglais
8. auto / gris, français, gros
9. arbre / grand, haut, magnifique
10. valise / brun, vert, blanc

C Les associations

Which French adjectives come to mind?

1. la ville de New York
2. une Corvette
3. la tour CN
4. un Boeing 747
5. le drapeau canadien
6. ton acteur favori
7. ton actrice favorite
8. ton ami(e)

D Inventez des phrases!

Complétez avec un adjectif.

1. Notre école est . . .
2. Je suis . . .
3. Mon frère est . . .
4. Mes amis sont . . .
5. Notre maison est . . .
6. Le film est très . . .
7. Ma soeur est . . .
8. Mes parents sont . . .

E Les portraits:

Décris un(e) ami(e), un professeur ou une personne dans ta famille. Fais aussi une petite description de toi-même.

F Quel adjectif? Quelle forme?

1. Le bikini est très (fatigué / beau).
2. Jean-Claude adore sa voiture (rapide / intelligent)
3. Attention! Le directeur n'est pas (interprovincial / content) aujourd'hui!
4. King Kong est (petit / grand).
5. Elle est de Paris? Oui, elle est (brun / français).
6. Merci de ton cadeau! Je suis très (content / beau).
7. Les bâtiments à New York sont (haut / content).
8. Maman est (anglais / content). Ses biscuits sont tr (blond / bon)!

G Inventez des phrases!

Faites des phrases avec des adjectifs de la liste.

français, grand, intelligent, petit, beau, blond, rapide, premier, intéressant, joli, gros, fou, haut

H Par exemple!

Donnez des exemples!

1. une grande ville
2. un élève intelligent
3. une bonne école
4. une petite ville
5. une voiture rapide
6. un bon magasin
7. un beau garçon
8. un haut bâtiment
9. une fille blonde
10. un livre intéressant

I Quel verbe? Quelle forme?

1. Est-ce que tu (manger / faire) du ski?
2. Il (être / avoir) très intelligent.
3. Nous (acheter / rencontrer) une maison.
4. Suzanne (aimer / acheter) les garçons.
5. À trois heures, je (avoir / rentrer) chez moi.
6. Jean-Claude (dépenser / apprendre) le français à l'école.

J La fête de phrases

Complétez les phrases avec un mot de la liste.

souvenirs, valise, collection, idée, étages, chat,
gare, lettre, club, arbre, vue, parking, fleurs,
fils, chien, fille, ascenseur

1. Marie a une grande . . . de disques.
2. Marc est le président du . . . français.
3. Le facteur a une . . . pour toi.
4. Les Laroche ont deux enfants, un . . . et une . . .
5. C'est vraiment une belle . . . de la tour CN!
6. Le bâtiment a 19 . . .
7. Les enfants vont au parc avec leur petit . . .
8. Ma voiture est dans le . . .
9. Les élèves rencontrent leurs visiteurs à la . . .
10. Pierre achète des . . . au magasin.

De la liste, quels sont les mots qui restent?
Inventez d'autres phrases!

K Tout en tout!

Complétez les phrases avec l'adjectif *tout*.
1. Mon frère mange . . . le gâteau!
2. Nous regardons la télé . . . les samedis.
3. Zut! . . . mes valises sont à la gare!
4. En été, mes copines sont à la piscine . . .
   la journée!
5. Mon ami travaille . . . le week-end au centre
   d'achats.

L Déchiffrez!

Lisez les phrases.
1. C'est mon 1er voyage à Toronto.
2. C'est ma 1re visite chez mes grands-parents.
3. Réjeanne habite au 9e étage.
4. Février, c'est le 2e mois de l'année.
5. La 3e classe commence à 11 h 00.
6. M. Villeneuve achète une Ferrari. C'est sa
   10e voiture de sport!

M Au contraire!

Donnez le contraire de . . .
1. chaud   3. grand   5. stupide
2. pénible   4. derrière   6. avant

N Les nationalités

Complétez avec un adjectif de nationalité.
1. David est de Londres. Il est . . . .
2. Lucille est de Paris. Elle est . . . .
3. Martin et Paul sont de Toronto. Ils sont . . . .
4. Mary et Betty sont de Washington. Elles sont . . .

O Comment dit-on en français?

1. *It's a tie game!*
2. *Let's go! We're already late!*
3. *My sister has lots of friends!*
4. *I'm very happy to be here!*
5. *Suddenly, the Leafs score a goal!*
6. *That's a good idea!*
7. *What a large family!*
8. *What an interesting movie!*
9. *What! Are you crazy?*
10. *My motorcycle is in the parking lot.*

Cherchez dans la liste!

Je suis très content(e) d'être ici!
Comment! Tu es fou(folle)?
C'est match nul!
Ma moto est dans le parking.
Quelle grande famille!
En route! Nous sommes déjà en retard!
Tout à coup, les Leafs marquent un but!
Quel film intéressant!
Ma soeur a beaucoup d'amis!
C'est une bonne idée!

LE MONDE DES JEUNES

In this unit you will learn:

how to use adverbs;
how to use expressions of quantity;
how to use verbs like *finir* (to finish);
how to express a negative idea with *ne . . . jamais* (never);
how to use verbs like *vendre* (to sell).

LES JEUNES DISCUTENT

LOUIS:

Nous travaillons beaucoup à l'école, c'est vrai, mais nous avons assez de temps libre. Il y a beaucoup d'activités intéressantes pour les jeunes de notre âge!

Moi, je n'ai pas besoin de beaucoup d'argent. Normalement, je reste à la maison tous les soirs. Souvent, je regarde la télé ou j'écoute la radio. Quand j'ai besoin d'argent, je garde les enfants de mon frère.

En réalité, nous n'avons pas trop de travail!

ANNE:

Je ne suis pas d'accord! Moi, je travaille trop à l'école et à la maison! Et je n'ai pas assez d'argent! Je suis toujours fauchée! Après tout, les vêtements et les disques coûtent beaucoup d'argent!

Chez moi, mon père et ma mère font le choix des émissions à la télé. Moi, je préfère les policiers, mais généralement mes parents préfèrent les westerns. Qu'en pensez-vous?

GISÈLE:

En réalité, Pierre, est-ce que tu travailles beaucoup
à l'école? À mon avis, tu travailles très peu! Moi, je
n'aime pas toujours mes classes, mais j'aime l'école —
je fais des amis facilement. Et toi, Anne, tu as assez
d'argent! Tu as mille disques!

Tout le monde a des problèmes, c'est normal.
Mais après tout, c'est la vie, n'est-ce pas?

A Vrai ou faux?

1. Louis ne travaille pas à l'école.
2. Quand il a besoin d'argent, Louis garde les enfants de son frère.
3. Anne a toujours besoin d'argent.
4. Pierre n'aime pas les règles.
5. Gisèle déteste l'école.
6. Anne a très peu de disques.

B Questions

1. Normalement, qu'est-ce que Louis fait tous les soirs?
2. Anne n'est pas contente. Pourquoi?
3. Qu'est-ce que Pierre fait après l'école?
4. Comment Pierre trouve-t-il l'école?
5. Est-ce que Gisèle a beaucoup d'amis? Pourquoi?
6. Selon Gisèle, tout le monde a des problèmes. Pourquoi?

VOCABULAIRE

masculin

un choix	*choice*
un intérêt	*interest*
un jeune	*young man, teenager*
un policier	*detective show*
le temps	*time*
le travail	*work*
les vêtements	*clothes, clothing*
un western	*western*

féminin

une activité	*activity*
une jeune	*young lady, teenager*
une règle	*rule*
la vie	*life*

verbes

coûter	*to cost*
discuter (de)	*to discuss*
penser	*to think*
préférer	*to prefer*

adjectifs

fauché, fauchée	*broke (no money)*
libre	*free*
normal, normale	*normal*

adverbes

assez	*enough*
facilement	*easily*
généralement	*generally*
normalement	*normally*
peu	*little, seldom*
trop	*too much, too many*

préposition

selon	*according to*

expressions

à mon avis	*in my opinion*
après tout	*after all*
d'ailleurs	*besides*
assez de	*enough*
avoir besoin de	*to need*
avoir raison	*to be right*
en réalité	*really*
être d'accord	*to agree*
c'est la vie!	*that's life!*
combien de . . . ?	*how much . . . ? how many . . . ?*
tout le monde	*everyone, everybody*
qu'en pensez-vous?	*what do you think of that?*

CHEZ L'ÉPICIER

un sac d'oignons

une bouteille de lait

un kilo de sucre

une douzaine de pommes

un litre d'orangeade

une boîte de tomates

un panier de fruits

une boîte de céréales

LES ADVERBES

Adverbs "modify" or add to the meaning of verbs, adjectives or other adverbs.

Most French adverbs end in -ment: facilement, normalement, généralement, naturellement.

adjectifs	adverbes
facile, facile ⟶	facile**ment**
normal, normale ⟶	normale**ment**
général, générale ⟶	générale**ment**
naturel, naturelle ⟶	naturelle**ment**

The written form of these adverbs contains the feminine form of the adjective and the ending -ment.

STOP *Many common French adverbs do not end in* -ment. *The ones you know are:*

peu, trop, assez, bien, beaucoup, toujours, vite, souvent, quelquefois, déjà, très, enfin, ensemble, loin, maintenant, aussi, alors, puis

J'aime beaucoup la musique. Elle est toujours fauchée!
Mon frère parle trop. Il est assez grand.
Vous chantez bien. Elle est très belle.
C'est assez! Il mange trop vite!

STOP *French adverbs usually* <u>follow</u> *the verb.*

LES EXPRESSIONS DE QUANTITÉ

J'ai assez d'argent. As-tu trop de devoirs?
Il fait peu de sport. Elle achète une douzaine d'oranges.
Combien de frères as-tu? Un kilo de fromage, s'il vous plaît.
J'ai beaucoup d'amis.

Expressions of quantity contain de *or* d'.

LE VERBE *PRÉFÉRER* (to prefer)

je préfère	nous préférons
tu préfères	vous préférez
il préfère	ils préfèrent
elle préfère	elles préfèrent

STOP Attention aux accents!

93

A Tu es d'accord?

> – Je n'ai pas assez de temps!
> – Comment ça?
> – Eh bien, j'ai trop de devoirs!
> – C'est la vie, n'est-ce pas?
> – Oui, c'est normal!

1. argent
   beaucoup d'intérêts
   naturellement

2. vêtements
   peu d'argent
   tu as raison

3. vacances
   trop de classes
   c'est ça

4. temps libre
   trop d'amis
   c'est vrai

B Tu es pénible!

> – À mon avis, tu parles trop!
> – Et toi, tu n'écoutes pas assez!
> – Ce n'est pas vrai!
>   J'écoute toujours!
> – Moi, je ne suis pas d'accord!
> – Tu es pénible!

1. travailler peu
   travailler assez
   travailler beaucoup

2. étudier trop
   étudier assez
   étudier souvent

3. voyager trop
   voyager assez
   adorer les voyages

4. penser trop
   penser assez
   penser beaucoup

A La fête des phrases!

Inventez des phrases avec le verbe *discuter (de)*!
Souvent, les jeunes discutent de la musique pop.

1. Souvent . . .

2. D'habitude . . .

3. Quelquefois . . .

4. De temps
   en temps . . .

5. Tous les soirs . . .

6. Normalement . . .

les jeunes	la vie
nous	le temps
Marie et ses copines	les émissions à la télé
les professeurs	la musique pop
les parents	le cinéma
tout le monde	le travail
les garçons	les voitures de sport
les filles	les profs sévère(s)
	l'argent de poc[he]
	les jeunes
	l'école

B Êtes-vous d'accord?

Donnez vos opinions!

> – Je suis d'accord!
> – Je ne suis pas d'accord!

1. Les écoles sont fantastiques.
2. Il y a trop de règles à l'école.
3. Les disques coûtent trop d'argent.
4. Les jeunes n'ont pas assez d'argent.
5. Les jeunes travaillent très peu.
6. Les professeurs donnent trop de devoirs.
7. Il y a beaucoup d'activités pour les jeunes.
8. L'histoire est une matière importante.
9. Tous les parents écoutent les opinions de leurs enfants.
10. Les adultes ont toujours raison.

C Peu ou beaucoup?

Trouvez la bonne expression! Inventez des phrases!

1. peu ou beaucoup?   2. assez ou trop?   3. assez ou pas assez?   4. peu ou beaucoup?

D Ça coûte combien?

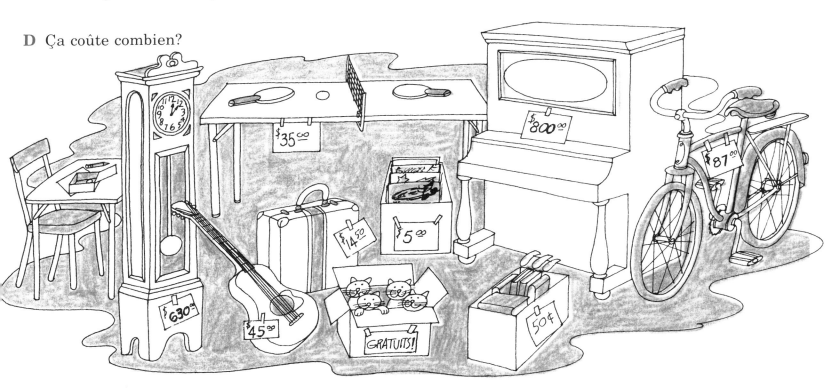

E Au supermarché

Qu'est-ce que Mme Lapointe achète?

Elle achète un litre de lait.

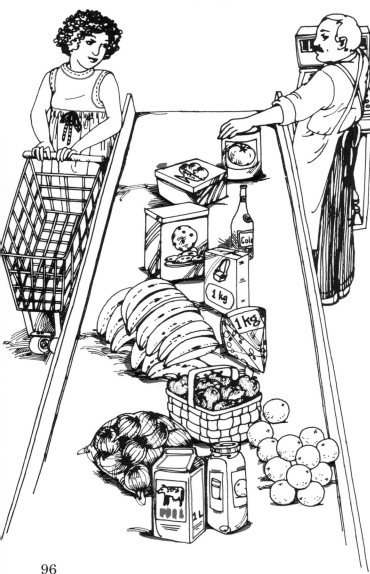

F Les adverbes
Complétez les phrases avec un adverbe!

> bien, beaucoup, trop, souvent, toujours, vite,
> normalement, peu, généralement, trop,
> quelquefois, facilement, très

1. Le concert est formidable! Roc Leroc chante très . . . !
2. Jean-Claude n'a pas d'argent. Il est . . . fauché.
3. Mon frère n'aime pas l'école. Il travaille très . . . .
4. Ma soeur est . . . intelligente. Elle étudie . . . .
5. Mes parents adorent les films. Ils vont . . . au cinéma.
6. Silence! Vous parlez . . . !
7. M. Smith apprend . . . ! Après deux leçons, il parle français
8. . . . , Louis n'aime pas les sports, mais . . . il va aux matchs de hockey.
9. Gisèle est . . . aimable; elle fait des amis . . . .
10. D'habitude, je quitte la maison à 8 h 30. . . , j'arrive à l'école à 8 h 45.

SAVOIR-LIRE
Devinez les mots soulignés!

1. L'argent est souvent une source de conflit.
2. M. Leriche a un million de dollars dans un compte à la banque.
3. Mes parents ne donnent pas assez d'argent de poche.
4. M. Martin est un bon travailleur. Il gagne un bon salaire.
5. Mme Dubé cherche du travail à temps partiel.

G Les petites annonces

You would like to earn some spending money and you see this advertisement in the local French newspaper. When you telephone, how would you . . .

Je cherche une jeune personne pour garder mon enfant.
tél. 631-5862

1. *introduce yourself?*
2. *give your age?*
3. *say you like children?*
4. *ask the name of the child?*
5. *ask the age of the child?*
6. *ask when the work begins?*
7. *ask how much you earn?*
8. *ask for a name and address?*
9. *give your address?*
10. *give your telephone number?*

H Questions personnelles

1. Que penses-tu de ton école?
2. Y a-t-il beaucoup d'activités pour les jeunes à ton école? dans ta ville?
3. Est-ce que tu gagnes de l'argent? Comment?
4. Est-ce que tu es toujours fauché(e)? Pourquoi?
5. Qu'est-ce que tu achètes avec ton argent?
6. Est-ce que tu travailles beaucoup à l'école? à la maison?
7. As-tu des disques? Quelle sorte de musique aimes-tu?
8. Y a-t-il beaucoup de règles à ton école? Qu'en penses-tu?
9. Chez toi, qui fait le choix des émissions à la télé?
10. Est-ce que les adultes ont toujours raison?

LE MYSTÈRE DE LA RADIO

Il est très tard dans la nuit. Denis Favreau est dans sa chambre. Il lit une revue et il écoute une émission intéressante à la radio. Denis est seul ce soir, parce que ses parents sont chez des amis.

Dehors, il y a un orage. Tout à coup, un éclair perce le ciel et illumine sa chambre. Boum! Puis . . . plus de musique, plus de lumière!

«Zut! L'électricité est coupée!» pense Denis. Il trouve une lampe de poche dans un tiroir et il recommence à lire.

Soudain, il entend un bruit étrange. C'est une voix qui appelle: «Suivez-moi . . . Suivez-moi . . . Suivez-moi . . . »
«C'est mon imagination, ou c'est le vent?» demande Denis.

Sa lampe de poche à la main, il descend au premier étage. La voix attire Denis vers la cave. «Suivez-moi . . . Suivez-moi . . . Suivez-moi . . . » Denis ouvre la porte de la cave . . .

(à suivre)

Vocabulaire

un bruit	*noise*
une cave	*basement*
le ciel	*sky*
un éclair	*flash of lightning*
une lumière	*light*
une lampe de poche	*flashlight*
une nuit	*night*
un orage	*storm*
une revue	*magazine*
un tiroir	*drawer*
le vent	*wind*
une voix	*voice*
attirer	*to pull, to draw*
lire	*to read*
ouvrir	*to open*
recommencer	*to start again*
à la main	*in his hand*
coupé, coupée	*cut (off)*
dehors	*outside*
plus de . . .	*no more . . .*
qui appelle	*calling*
seul, seule	*alone*
suivez-moi	*follow me*
tout à coup	*suddenly*

A Vrai ou faux?
1. Il est quatre heures de l'après-midi.
2. Denis écoute des disques dans sa chambre.
3. Il pleut beaucoup ce soir.
4. Denis trouve une lampe de poche dans un tiroir.
5. Il reste dans sa chambre toute la nuit.

B Questions
1. Où est Denis?
2. Pourquoi est-ce qu'il est seul ce soir?
3. Y a-t-il du bruit dehors? Pourquoi?
4. Qu'est-ce que Denis entend?
5. Qu'est-ce qu'il ouvre?

C Questions personnelles
1. Es-tu souvent seul(e) chez toi?
2. Est-ce que tu écoutes de la musique dans ta chambre?
3. Est-ce que tu aimes les orages?
4. Y a-t-il une cave chez toi?
5. As-tu beaucoup d'imagination?

D Vive la différence!

français	anglais
illumin**er**	*illumin**ate***
éliminer	?
créer	?
calculer	?
fasciner	?
terminer	?
évaluer	?

E L'explosion des mots!

une revue   un journal
un magazine
un livre de poche
un manuel scolaire

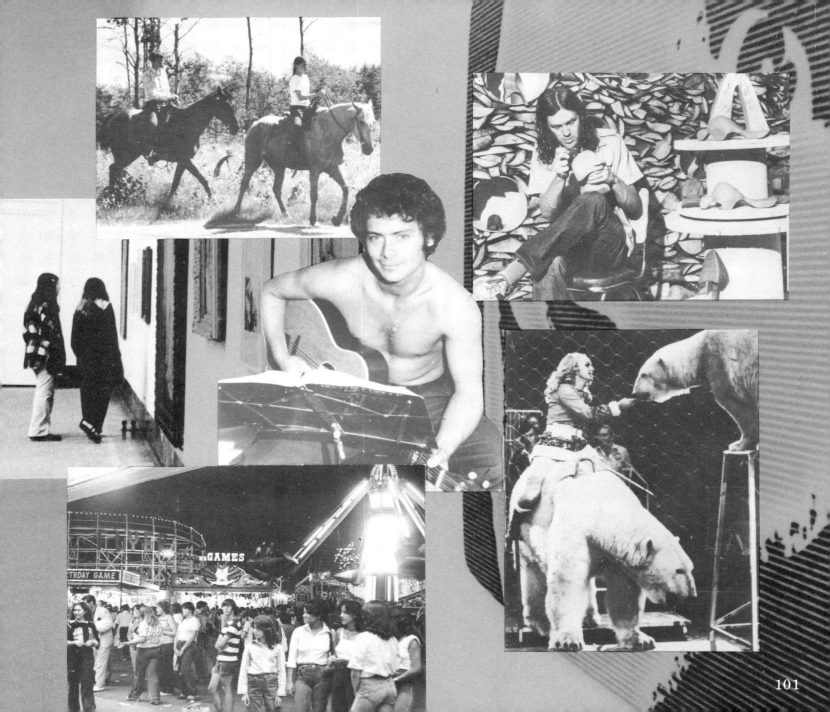

LES PARENTS ET LA JEUNESSE

A M. ROUSSEAU – Marc, tu as de mauvaises notes en histoire! Tu ne réussis pas! Pourquoi?

MARC – Mais papa, c'est ennuyeux! Et l'histoire est si difficile!

M. ROUSSEAU – Ce n'est pas difficile, Marc. Selon ton professeur, tu ne fais jamais attention en classe. Tu es toujours dans la lune!

MARC – Ce n'est pas vrai! Je n'aime pas l'histoire, c'est tout! Je préfère la musique!

M. ROUSSEAU – L'histoire est une matière importante, Marc. Tu ne réfléchis jamais à ton avenir!

MARC – Mais si! Justement! Un musicien n'a pas besoin de bonnes notes en histoire!

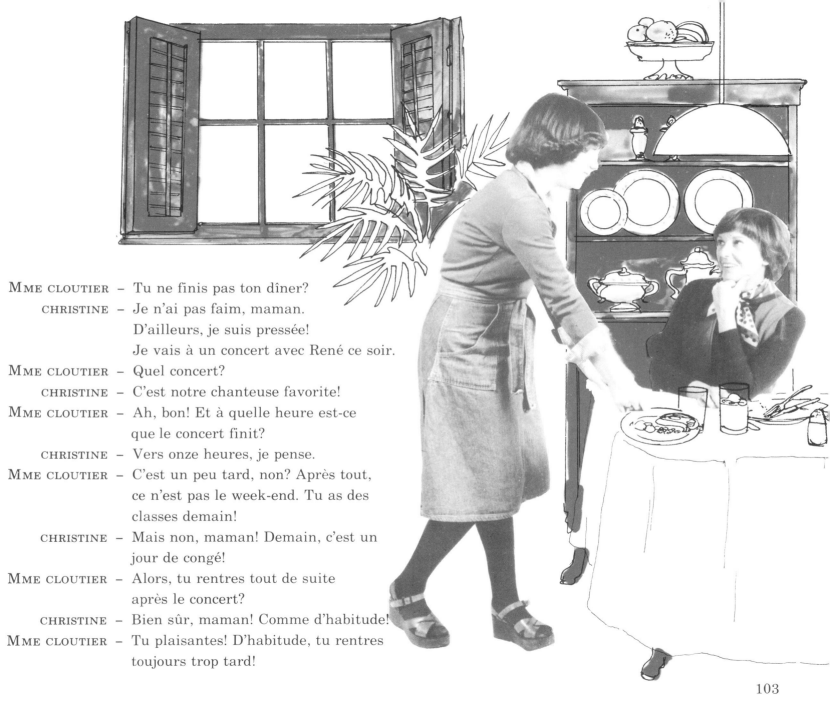

MME CLOUTIER – Tu ne finis pas ton dîner?

CHRISTINE – Je n'ai pas faim, maman.
D'ailleurs, je suis pressée!
Je vais à un concert avec René ce soir.

MME CLOUTIER – Quel concert?

CHRISTINE – C'est notre chanteuse favorite!

MME CLOUTIER – Ah, bon! Et à quelle heure est-ce
que le concert finit?

CHRISTINE – Vers onze heures, je pense.

MME CLOUTIER – C'est un peu tard, non? Après tout,
ce n'est pas le week-end. Tu as des
classes demain!

CHRISTINE – Mais non, maman! Demain, c'est un
jour de congé!

MME CLOUTIER – Alors, tu rentres tout de suite
après le concert?

CHRISTINE – Bien sûr, maman! Comme d'habitude!

MME CLOUTIER – Tu plaisantes! D'habitude, tu rentres
toujours trop tard!

C

RICHARD – Papa, j'ai besoin d'argent!

M. DUCLOS – Encore? Pourquoi?

RICHARD – Eh bien . . . il y a un solde de jeans en ville!

M. DUCLOS – Quoi! Tu as déjà une douzaine de
paires de jeans!

RICHARD – Oui, mais pas du nouveau style! D'ailleurs,
tous mes jeans sont trop petits!

M. DUCLOS – Oui, c'est vrai . . . Tu grandis vite!
Bon, d'accord! Mais d'abord,
j'ai du travail pour toi . . .

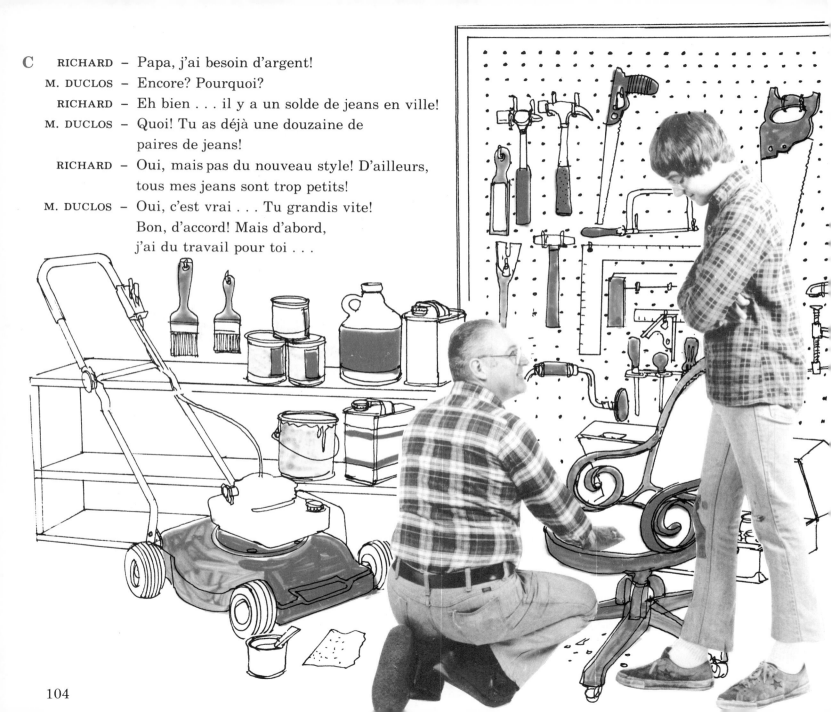

A Vrai ou faux?

1. Marc a de mauvaises notes en histoire.
2. Il fait toujours attention en classe.
3. Il adore la musique.
4. Selon son père, l'histoire est une matière importante.
5. Marc ne réfléchit pas à son avenir.

B Questions

1. Pourquoi est-ce que Christine ne finit pas son dîner?
2. Où va-t-elle ce soir? Avec qui?
3. A-t-elle des classes demain?
4. Selon Christine, quand est-ce qu'elle rentre?
5. D'habitude, rentre-t-elle très tard?

C Complétez

Richard a besoin d' . . . parce qu'il y a un . . . de jeans en . . . . Ses jeans sont trop . . . parce qu'il . . . si . . . . D'ailleurs, ses jeans ne sont pas du . . . . Son père a du . . . pour lui.

VOCABULAIRE

masculin

l'avenir	*future*
un chanteur	*singer*
des jeans	*jeans*
un jour de congé	*day off, holiday*
un musicien	*musician*
un solde	*sale*
un style	*style*

féminin

une chanteuse	*singer*
la jeunesse	*youth, young people*
une note	*mark (at school)*
une paire	*pair*

verbes

finir	*to finish, to end*
grandir	*to grow (up)*
plaisanter	*to joke, to kid*
porter	*to wear*
réfléchir (à)	*to think (about)*
réussir	*to succeed*

adjectifs

difficile	*difficult*
ennuyeux, ennuyeuse	*boring*
favori, favorite	*favorite*
important, importante	*important*
mauvais, mauvaise*	*bad*
nouveau (nouvel), nouvelle, nouveaux*	*new*
pressé, pressée	*in a hurry*

adverbes

encore	*again*
justement	*exactly, just so*
si	*so*
si!	*yes! (in answer to a negative question)*
tard	*late*

expressions

être dans la lune	*to daydream*
faire attention (à)	*to listen, pay attention (to)*
ne . . . jamais	*never*
quoi!	*what!*

*précèdent le nom

LES VÊTEMENTS

Qu'est-ce que tu portes aujourd'hui?

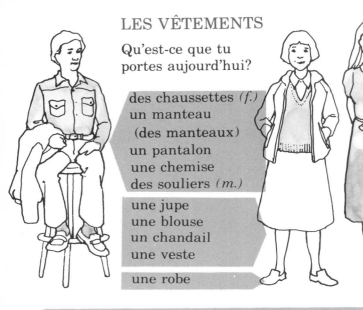

des chaussettes *(f.)*
un manteau
  (des manteaux)
un pantalon
une chemise
des souliers *(m.)*

une jupe
une blouse
un chandail
une veste

une robe

SAVIEZ-VOUS?

Dans le français moderne, il y a beaucoup de mots anglais!
Par exemple:

le camping
le building
le parking
le football
le pull-over
le T-shirt

les jeans
le snack-bar
le transistor
le steak
le western
le poster

Il y a aussi beaucoup de mots français dans la langue anglaise!
Par exemple:

lacrosse
café
chalet
omelette
ballet
blouse

bouquet
chef
cinema
brochure
discotheque
cologne

OBSERVATIONS

LES VERBES EN -*IR*

modèle: finir *(to finish)*

singulier	pluriel
je finis*	nous finissons
tu finis	vous finissez
il finit	ils finissent
elle finit	elles finissent

*I finish, I do finish, I am finishing

The -ir ending of the infinitive form is replaced by the verb endings.

STOP *Although the singular forms of the verb are spelled differently, they sound the same.*

Most French verbs ending in -ir follow this pattern.

L'ADJECTIF *NOUVEAU (new)*

Paul achète un nouveau pantalon.
J'ai un nouvel ami.
Il a besoin d'une nouvelle chemise.
Mes nouveaux souliers sont beaux.

The adjective nouveau *follows the same pattern as the adjective* beau.

LA NÉGATION *NE . . . JAMAIS (never*

phrases affirmatives	phrases négatives
Je suis en retard. →	Je ne suis jamais en retard
Elle fait attention. →	Elle ne fait jamais attentio
Il réfléchit à son avenir. →	Il ne réfléchit jamais à son avenir.
Il y a une danse en ville. →	Il n'y a jamais de danse en ville.
Il fait du sport. →	Il ne fait jamais de sport.
J'ai de l'argent. →	Je n'ai jamais d'argent.

STOP *In a negative sentence* de *or* d' *is used instead of* un, une, de la, de l', du *or* des, *except with the verb* être.

A À table

– Au revoir!
– Georges, tu ne finis pas ton sandwich! Tu es pressé?
– Oui! Il est sept heures. Je suis déjà en retard!

1. les enfants
   dessert

2. Michèle
   dîner

3. M. Rondeau
   café

4. papa
   gâteau

5. Mlle Dubé
   thé

6. Gisèle
   souper

B Mais si!

– Dis donc, tu es occupé ce soir?
– Comme toujours! Je travaille tout le temps!
– Alors, tu ne vas jamais au cinéma?
– Mais si! Souvent! J'aime les films!

1. en ville
   tous les jours
   les magasins

2. au stade
   de temps en temps
   le football

3. aux concerts
   quelquefois
   la musique

4. à la piscine
   tous les week-ends
   les bikinis

5. en vacances
   tous les étés
   les voyages

A Tout nouveau, tout beau!

Il y a un grand solde en ville.
Qu'est-ce que tout le monde achète?

Jean achète un nouveau chandail.
Richard achète de nouveaux jeans.

1. Et Christine?

2. Et M. Savard?

3. Et Roger?

4. Et Georges?

5. Et Jean-Claude?

6. Et M. Lebel?

B Ça finit quand?

1. Le concert		6 h 00
2. Les classes		9 h 30
3. Le film	finit à	11 h 30
4. Les matchs	finissent à	3 h 30
5. Le solde		5 h 30
6. Le travail		10 h 30

C C'est fini!

Complétez les phrases avec le verbe *finir*.

1. À 8 h 30, je . . . mon petit déjeuner.
2. À 6 h 00, nous . . . le dîner.
3. Tu ne . . . jamais ton travail!
4. Ils . . . le match très vite.
5. Les enfants . . . leurs devoirs à l'école.
6. La comédie . . . à 9 h 00.
7. Quand est-ce que vous . . . la leçon?

D Quel verbe? Quelle forme?

1. Oh là là! Les enfants (faire/grandir) si vite!
2. Vous (discuter/être) dans la lune!
3. Paul, tu ne (réussir/grandir) pas à l'école?
4. Marie parle trop vite. Elle ne (faire/réfléchir) pas assez!
5. Tiens! Tu (porter/manger) ton nouveau manteau aujourd'hui!
6. Lise! Alain! Vous ne (finir/réussir) pas le travail! Vous ne (faire/penser) jamais attention!

E Les préférences

Donnez vos opinions!

1. **Mon professeur** favori, c'est Mme Boudreau
2. Mon disque . . .
3. Mon film . . .
4. Ma copine . . .
5. Mon auto . . .
6. Mon livre . . .
7. Mon repas . . .
8. Ma chanteuse . . .
9. Mon musicien . . .
10. Mon activité . . .
11. Ma danse . . .
12. Mon émission de télé . . .

F Au contraire!

1. Je réussis toujours à l'école, mais mon ami ne réussit jamais!
2. Pierre finit toujours à l'heure, mais Gisèle . . .
3. Mes copains sont toujours en retard, mais moi, . . .
4. Le directeur porte toujours une chemise bleue, mais mon prof . . .
5. Il y a toujours des classes le lundi, mais le dimanche . . .

G Le coin des opinions
Que pensez-vous de vos classes?

– À mon avis, le français est facile!

1. le dessin	facile
2. l'éducation physique	difficile
3. les sciences	ennuyeux
4. les maths	important
5. l'anglais	formidable
6. la musique	sensationnel
7. le français	fantastique
8. la géographie	intéressant
9. l'histoire	

H Tête-à-tête

You are comparing notes with a French-speaking student from New Brunswick. How would you ask him . . .

1. *where he goes to school?*
2. *if he likes his school?*
3. *what he thinks of his teachers?*
4. *the name of his school principal?*
5. *what his favorite subject is?*
6. *what he wears to school?*
7. *whether he always speaks French?*
8. *what he does after school?*

I Questions personnelles

1. Est-ce que tu réussis à l'école? Pourquoi?
2. Quelles matières sont difficiles pour toi?
3. Est-ce que tu fais toujours attention en classe?
4. À ton avis, y a-t-il trop de règles à l'école?
5. Quel est ton sport favori?
6. As-tu assez d'argent?
7. D'habitude, que fais-tu le week-end?
8. Où est-ce que tu achètes tes vêtements?
9. Qu'est-ce que tu portes aujourd'hui?
10. Combien de paires de jeans as-tu?

SAVOIR-LIRE

Devinez les mots soulignés!

1. Il y a beaucoup de musiciens dans un <u>orchestre symphonique</u>.
2. Le <u>propriétaire</u> du magasin est très content — le solde est une grande <u>réussite.</u>
3. Ce n'est pas difficile. <u>Au contraire</u>, c'est très facile!
4. Combien de <u>planètes</u> y a-t-il dans le <u>système solaire</u>?
5. À six heures, mon père écoute les <u>nouvelles</u> à la radio.

TOUT EST BIEN QUI FINIT BIEN!

LE MYSTÈRE DE LA RADIO *(suite et fin)*

Denis descend lentement à la cave. Il a peur. La voix est très claire maintenant. Elle répète: «Suivez-moi . . . Suivez-moi . . . Suivez-moi . . . »

«Mais quelle est cette voix?» demande Denis. Au même moment, il remarque une petite lumière. «Mais, c'est impossible, il n'y a pas d'électricité!» pense Denis. Dans un coin de la cave, il trouve une vieille radio. La voix vient de la radio!

Denis est complètement effrayé. Il remonte vite l'escalier, puis il barre la porte de la cave. Il essaie le téléphone.

Rien! Alors, il monte à sa chambre. Il tremble de peur: c'est comme un cauchemar!

À cet instant, la lumière dans sa chambre s'allume et sa radio recommence à jouer. En bas, ses parents rentrent et vont à leur chambre. Soudain, ils entendent un cri terrible!

Ils trouvent Denis dans sa chambre, bouche bée, les yeux fixés sur sa radio. De la radio, ils entendent une voix sinistre: «Suivez-moi . . . Suivez-moi . . . Suivez-moi . . . » *– FIN*

Vocabulaire

un cauchemar	*nightmare*
un coin	*corner*
un escalier	*staircase*
la peur	*fear*
les yeux	*eyes*
s'allumer	*to light up*
avoir peur	*to be afraid*
essayer	*to try*
barrer	*to lock*
entendre	*to hear*
recommencer	*to begin again*
remarquer	*to notice*
remonter	*to go back up*
au même moment	*at the same time*
bouche bée	*his mouth wide open*
effrayé	*astonished*
en bas	*downstairs*
lentement	*slowly*
rien!	*nothing!*
vieux, vieille	*old*

A Vrai ou faux?

1. La voix répète: «Salut, Denis! Ça va?»
2. Dans la cave, Denis écoute un concert de rock.
3. La voix vient d'une vieille radio.
4. Denis remonte lentement l'escalier.
5. Quand ses parents arrivent, Denis est dans sa chambre.

B Questions

1. Où est-ce que Denis descend?
2. Pourquoi descend-il lentement?
3. Qu'est-ce qu'il trouve dans la cave?
4. Est-ce que le téléphone marche?
5. Comment est Denis quand ses parents arrivent?

C C'est toi l'auteur!

Y a-t-il une solution à ce mystère?
Choisis une réponse!

a) C'est un cauchemar.
b) Il y a une radio à piles dans la cave.
c) Denis est complètement fou.
d) Il y a un fantôme dans la cave.
e) Il n'y a pas de solution.

D Questions personnelles

1. Combien de radios y a-t-il chez toi?
   Dans quelles pièces?
2. As-tu peur quand tu es seul(e)?
3. As-tu souvent des cauchemars?
4. Qu'est-ce que tu préfères: les mystères, les comédies, les policiers ou les westerns?

E Vive la ressemblance!

Il y a des mots comme *possible* et *impossible* qui sont équivalents en français et en anglais. Lisez les mots français suivants. Attention à la prononciation!

terrible, probable, capable, flexible, noble, stable, respectable

F L'explosion des mots!

avoir faim   avoir sommeil
avoir soif   avoir peur
avoir chaud   avoir tort   avoir froid

2 + 2 = 5

LA MODE

1868

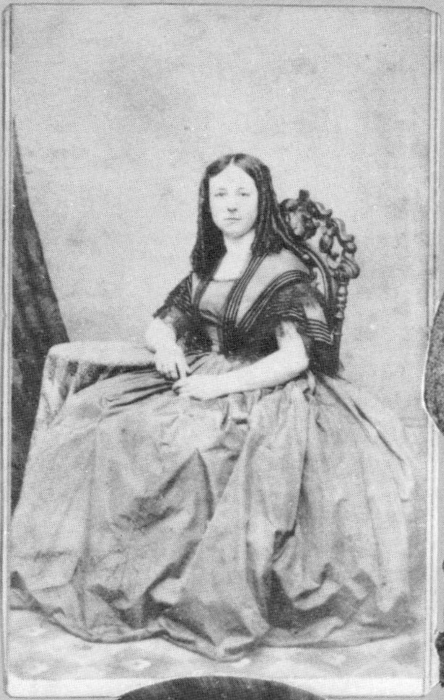

1875

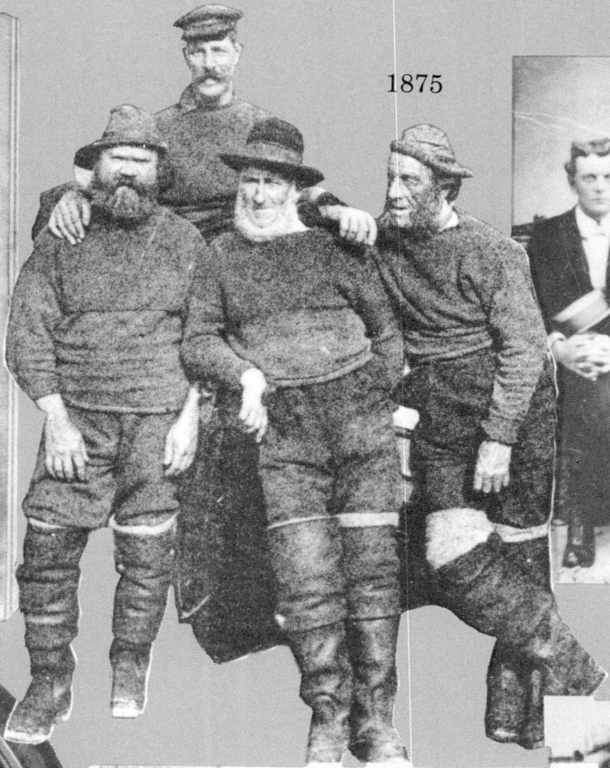

1883

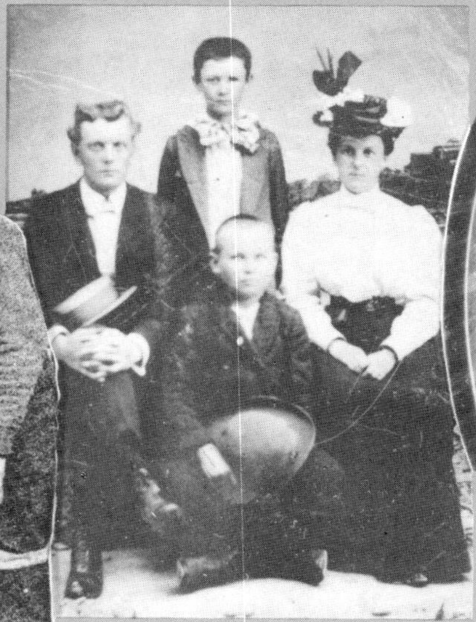

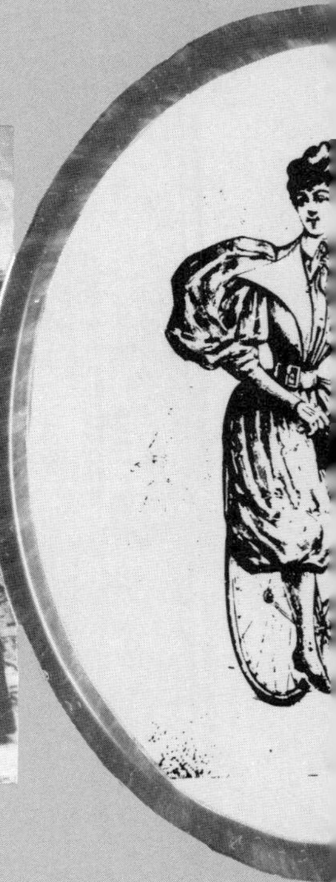

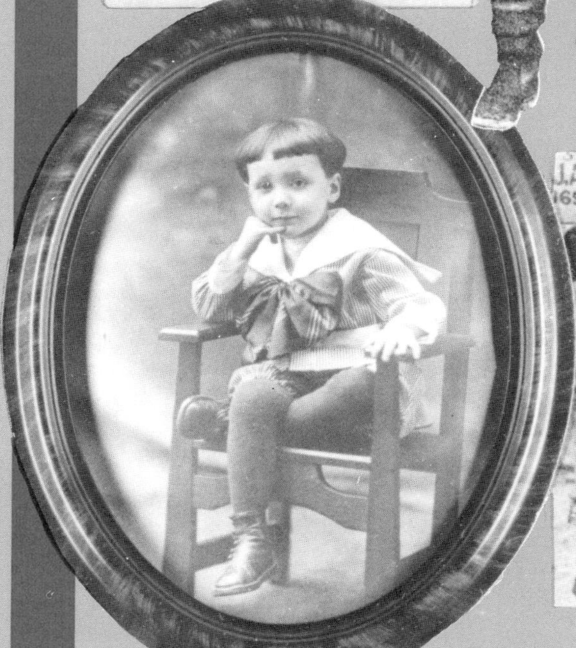

1920

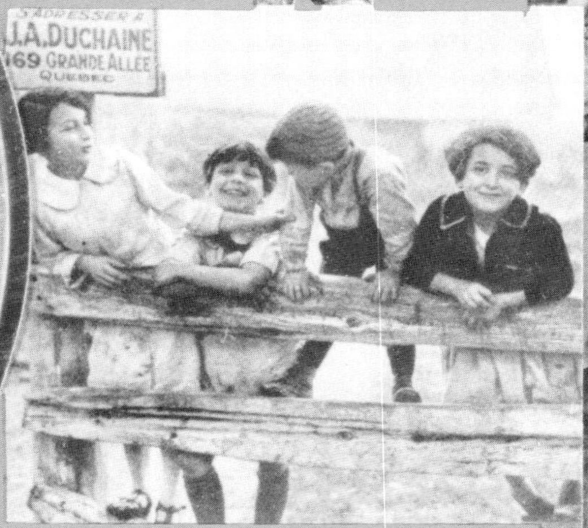

1930

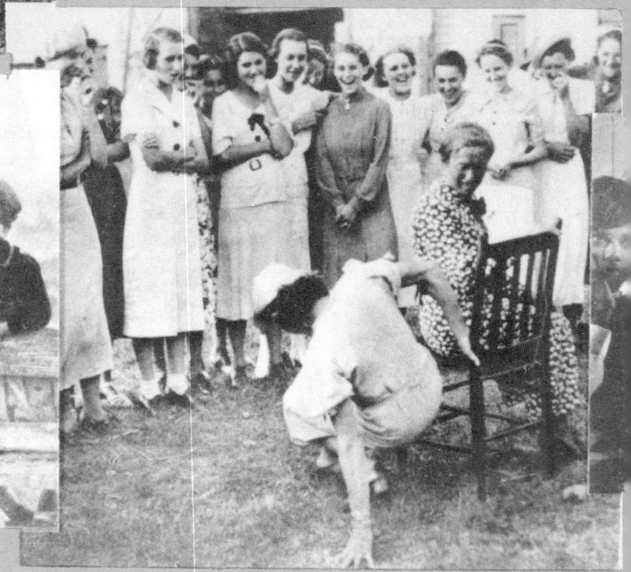

1940

1895

1900

1915

1950

1960

1970

1980

LE TRAVAIL ET LES JEUNES

L'argent est souvent un problème! Beaucoup de jeunes n'ont pas assez d'argent de poche. Alors, ils cherchent du travail à temps partiel après les classes ou le samedi. Comme cela, ils gagnent assez pour acheter des disques, des livres, des vêtements ou d'autres choses.

A Tu travailles cet été?

LOUIS – Dis donc, tu travailles cet été?

MARGOT – Oui! Dans un magasin en ville.

LOUIS – Ah bon! Qu'est-ce que tu fais là?

MARGOT – Je vends des choses et quelquefois je réponds au téléphone. C'est très facile!

LOUIS – Formidable! Qu'est-ce que tu vends, alors?

MARGOT – Des disques, des posters et des revues.

LOUIS – Tu as de la chance, toi!

B Paul fait la vaisselle

MARC – As-tu un job, Paul?

PAUL – Mais bien sûr! Je travaille dans un restaurant le samedi!

MARC – Que fais-tu? Tu es garçon de table?

PAUL – Non! Je fais la vaisselle!

MARC – Tiens! C'est ennuyeux, non? Tu gagnes beaucoup d'argent quand même?

PAUL – Ça dépend.

MARC – De quoi?

PAUL – De combien d'assiettes je casse pendant la journée!

A Questions

1. Est-ce que les jeunes ont besoin d'argent?
2. Pourquoi est-ce que les jeunes cherchent du travail?
3. Quand est-ce qu'ils travaillent?
4. Qu'est-ce qu'ils achètent avec leur argent?

B Vrai ou faux?

Tu travailles cet été?

1. Margot ne travaille pas cet été.
2. Elle travaille dans une pizzeria.
3. Le magasin est en ville.
4. Elle vend des disques et des posters.

Paul fait la vaisselle

1. Paul travaille dans un cinéma.
2. Il travaille le vendredi soir.
3. Il est garçon de table.
4. Quelquefois, il casse des assiettes.

VOCABULAIRE

masculin

l'argent de poche	*pocket money*
un job	*job*
un garçon (de table)	*waiter*

féminin

une assiette	*plate*
la chance	*luck*
une chose	*thing*
une revue	*magazine*
la vaisselle	*dishes*

verbes

casser	*to break*
chercher	*to look for*
dépendre (de)	*to depend (on)*
répondre (à)	*to answer*
vendre	*to sell*

adjectifs

autre	*other*
facile	*easy*
ce (cet), cette, ces	*this, that; these, those*

pronoms

ça	*it; that*
cela	*this; that*

expressions

à temps partiel	*part-time*
avoir de la chance	*to be lucky*
comme cela	*thus, in this way*
faire la vaisselle	*to do the dishes*
quand même	*anyway, all the same*
le samedi	*on Saturdays*

LES MAGASINS AU CENTRE D'ACHATS

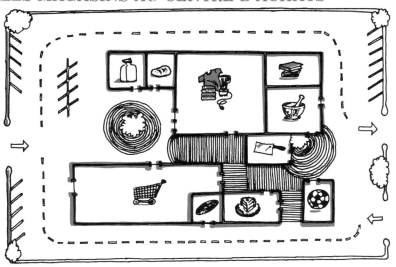

la librairie

la pharmacie

la boucherie

le magasin de disques

la boulangerie

le grand magasin

le supermarché

la pâtisserie

le magasin de sports

l'épicerie (f.)

1. M. Bouquin travaille dans une librairie.
   Qu'est-ce qu'il vend?
2. Où vas-tu quand tu as besoin d'aspirine?
3. C'est l'anniversaire de ton copain. Où est-ce que
   tu achètes un cadeau?
4. Mlle Tournedos travaille dans une boucherie.
   Qu'est-ce qu'elle vend?
5. D'habitude, où est-ce que tu achètes des biscuits
   et des gâteaux?

LA LANGUE VIVANTE

langue "familière"	langue "formelle"
comme ça	comme cela
ça dépend	cela dépend
C'est mes amis.	Ce sont mes amis.
Ce n'est pas tes revues!	Ce ne sont pas tes revues!

L'usage de c'est devant les noms pluriels est très fréquent. C'est une manière de parler qui est assez familière. Mais attention! Devant les noms pluriels, l'expression ce sont est aussi très acceptable et très fréquente!

SAVIEZ-VOUS?

Au Canada, le mot *job* est féminin:

J'ai une bonne job.

LES VERBES EN -RE

modèle: vendre *(to sell)*

singulier	**pluriel**
je vends*	nous vendons
tu vends	vous vendez
il vend	ils vendent
elle vend	elles vendent

I sell, I do sell, I am selling

Although there are two spellings for the singular forms, their pronounciation is the same.

Most French verbs ending in -re follow this pattern.

L'ADJECTIF CE *(this, that)*

masculin **singulier**
Ce livre est nouveau.
Cet hôtel est moderne.
pluriel
Ces livres sont nouveaux.
Ces hôtels sont modernes.

féminin **singulier**
Cette question est facile.
Cette école est grande.
pluriel
Ces questions sont faciles.
Ces écoles sont grandes.

Before a singular masculine noun beginning with a vowel sound, the form cet *is used.*

Attention à la liaison!

cet argent, ces activités

A C'est trop cher!

– Tu vends ta bicyclette?
– Oui! J'ai besoin d'argent.
– C'est combien?
– C'est $25.00.
– Tu es fou! Cette bicyclette est cassée!

1. il
   électrophone
   $80.00

2. elle
   radio
   $15.00

3. vous
   guitare
   $150.00

4. ils
   piano
   $300.00

B Tout le monde travaille!

– Tu as un job?
– Oui. Je travaille dans une librairie le samedi.
– Qu'est-ce que tu fais là?
– Je vends des livres.
– Tu gagnes beaucoup?
– Tu plaisantes!

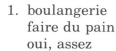

1. boulangerie
   faire du pain
   oui, assez

2. restaurant
   faire la vaisselle
   non, pas beaucoup

3. pharmacie
   répondre au téléphone
   ça dépend

4. magasin de disques
   vendre des posters
   non, pas assez

A Comment dit-on en francais?

1. *It's very easy!*
2. *What do you think of that?*
3. *That's life!*
4. *That's all!*
5. *Who's doing the dishes?*
6. *You're daydreaming!*
7. *What are you looking for?*
8. *I never break dishes!*

Cherchez dans la liste!

C'est tout!
Tu es dans la lune!
Je ne casse jamais d'assiettes!
C'est très facile!
Qu'est-ce que tu cherches?
Qu'en penses-tu?
C'est la vie!
Qui fait la vaisselle?

B Êtes-vous d'accord?

Donnez vos opinions!

1. Les jeunes sont toujours fauchés.
2. Les jeunes ont trop de temps libre.
3. Les jeunes n'ont pas besoin d'argent.
4. Les devoirs sont toujours ennuyeux.
5. L'école est toujours intéressante.
6. Les classes sont trop faciles pour les élèves.

C Quel verbe? Quelle forme?

1. Maman! Alphonse (casser / manger) la vaisselle!
2. J'ai besoin d'argent. Alors, je (acheter / vendre) ma moto.
3. Nicole (travailler / répondre) toujours aux questions du prof.
4. Vous êtes fauchés? Pourquoi est-ce que vous ne (chercher / coûter) pas du travail à temps partiel?
5. Pourquoi ne (casser / faire)-tu pas la vaisselle?

D C'est logique!

Inventez des phrases! Employez le verbe *répondre (à)*.

1. Margot . . .
2. Mon père . . .
3. Les élèves . . .
4. Nous . . .
5. Je . . .
6. Vous . . .
7. Tu . . .

à
au
à l'
à la
aux

questionnaire
téléphone
professeur
toutes les questions
directrice
lettres de mon oncle
directeur

E Ce n'est pas difficile!

Faites des phrases!

1. M. Lebel est riche. Cet homme est riche.
2. Marie est blonde. fille
3. Le supermarché est grand. magasin
4. Le football est intéressant. sport
5. Les manteaux sont beaux. vêtements
6. Roc Leroc est sensationnel. chanteur
7. Le Boeing 747 est rapide. avion
8. Les roses sont belles. fleurs

F Tête-à-tête: Les jeunes discutent

You meet a young French girl who works at a local record shop. How would you ask . . .

1. *if this is a part-time job?*
2. *whether she likes her job?*
3. *if she earns enough money?*
4. *how she spends her money?*
5. *where she buys her clothes? books?*
6. *if she likes pop music?*
7. *the name of her favorite musician or group?*
8. *whether there's a sale on today?!*

G Questions personnelles

1. Est-ce que tu as un job après les classes? Pourquoi? Où?
2. Est-ce que tu dépenses tout ton argent de poche? Comment?
3. Est-ce que tes copains travaillent? Où?
4. Y a-t-il un centre d'achats près de chez toi? Quels sont les différents magasins?
5. Où est-ce que tu achètes tes livres?
6. Quel est ton livre favori?
7. Est-ce que tu fais souvent la vaisselle chez toi?
8. Est-ce que tu casses quelquefois des assiettes?

SAVOIR·LIRE

Devinez les mots soulignés!

1. J'aime beaucoup les revues <u>illustrées.</u>
2. Nous avons une nouvelle <u>machine à laver la vaisselle</u>.
3. Ce problème de mathématiques est un vrai <u>casse-tête</u>!
4. Les <u>chutes</u> du Niagara sont une source d'<u>électricité</u>.
5. Mme Allard travaille dans un <u>laboratoire</u>. Elle fait des <u>recherches scientifiques</u>.

H Vas-y, Jean-Claude!

Jean-Claude va au centre d'achats aujourd'hui parce que sa mère est malade. Voici sa liste — la famille a besoin de beaucoup de choses! Où va Jean-Claude pour acheter toutes ces choses?

> Pour acheter du pain,
> il va à la boulangerie.

pour maman

pain
lait
poulet
pommes de terre
biscuits
café
sucre
boîte de Kleenex
aspirine

Pour
l'anniversaire
de Michèle
une carte
d'anniversaire!
un disque?
un chandail?
une boîte de chocolats?
une raquette de tennis??

PERSPECTIVES

LA FAMILLE DES LANGUES

Il y a 3000 langues dans le monde! Toutes ces langues sont divisées en familles. De ces familles, la plus grande est la famille des langues d'Europe.

Dans chaque famille, les langues ont naturellement beaucoup de similarités. Voici quelques exemples:

anglais	allemand	italien
mother	Mutter	madre
father	Vater	padre

espagnol	portugais	français
madre	mãe	mère
padre	pai	père

grec
meter
pater

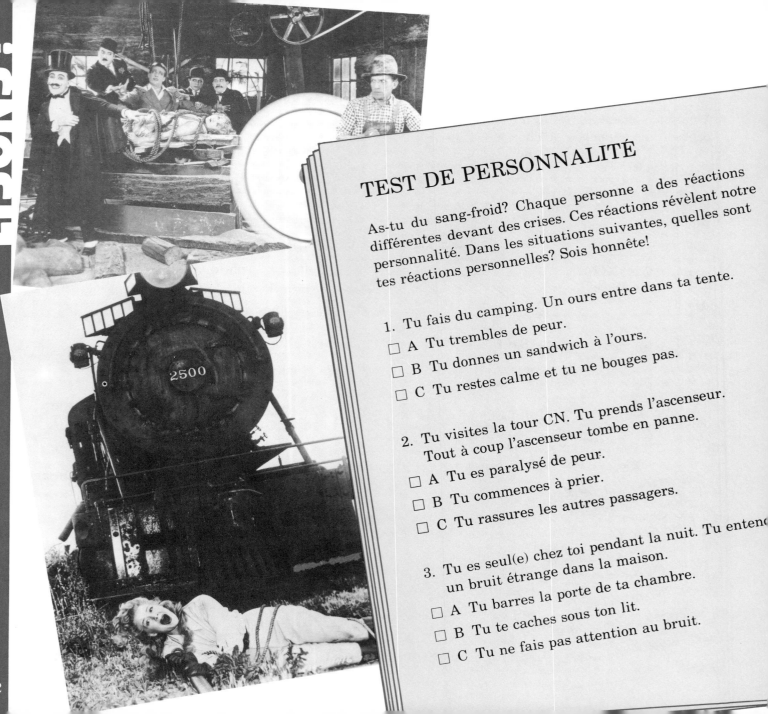

LISONS!

TEST DE PERSONNALITÉ

As-tu du sang-froid? Chaque personne a des réactions différentes devant des crises. Ces réactions révèlent notre personnalité. Dans les situations suivantes, quelles sont tes réactions personnelles? Sois honnête!

1. Tu fais du camping. Un ours entre dans ta tente.
   - ☐ A Tu trembles de peur.
   - ☐ B Tu donnes un sandwich à l'ours.
   - ☐ C Tu restes calme et tu ne bouges pas.

2. Tu visites la tour CN. Tu prends l'ascenseur. Tout à coup l'ascenseur tombe en panne.
   - ☐ A Tu es paralysé de peur.
   - ☐ B Tu commences à prier.
   - ☐ C Tu rassures les autres passagers.

3. Tu es seul(e) chez toi pendant la nuit. Tu entend un bruit étrange dans la maison.
   - ☐ A Tu barres la porte de ta chambre.
   - ☐ B Tu te caches sous ton lit.
   - ☐ C Tu ne fais pas attention au bruit.

. Tu rentres chez toi après les classes. Dans la rue, tu vois un accident terrible.
☐ A Tu restes là et tu ne fais rien.
☐ B Tu perds connaissance.
☐ C Tu trouves un téléphone et tu informes la police.

5. Tu prépares un hamburger dans la cuisine. De la graisse tombe sur le poêle et un incendie commence.
☐ A Tu quittes la maison en courant.
☐ B Tu commences à pleurer.
☐ C Tu étouffes le feu.

6. Ton ami(e) dit qu'il/elle ne t'aime plus.
☐ A Tu es bouleversé(e).
☐ B Tu décides de te suicider.
☐ C Tu dis: «Au revoir! Tu n'es pas le seul poisson dans l'océan!»

QUELS SONT TES RÉSULTATS?

A = 3 POINTS   B = 0 POINTS   C = 5 POINTS
MAXIMUM POSSIBLE = 30 POINTS

RÉSULTATS
0   Tu es complètement fou/folle! Consulte ton docteur!
3–10   Tu as des problèmes!
13–20   Tu es normal(e).
23–28   Tu as beaucoup de sang-froid!
30   Tu triches ou tu es d'une autre planète!

Vocabulaire

un bruit	*noise*
une crise	*crisis*
un feu	*fire*
la graisse	*grease*
un incendie	*fire*
un ours	*bear*
la peur	*fear*
un poêle	*stove*
un poisson	*fish*
un résultat	*result, score*
avoir peur	*to be afraid*
avoir du sang-froid	*to "keep your cool"*
barrer	*to lock*
bouger	*to move*
se cacher	*to hide*
crier	*to scream*
dire	*to say*
étouffer	*to put out*
perdre connaissance	*to faint*
pleurer	*to cry*
prier	*to pray*
quitter en courant	*to run out of*
tomber en panne	*to break down*
tricher	*to cheat*
voir	*to see*
bouleversé(e)	*upset, devastated*
chaque	*each*
ne . . . plus	*no longer*
ne . . . rien	*nothing*
quelque	*some, a few*
seul(e)	*alone; only*
sois honnête!	*be honest!*
suivant(e)	*following*

CUISINIÈRES

ÉCLAIRAGE

3e étage

JOUETS

CHAUSSURES

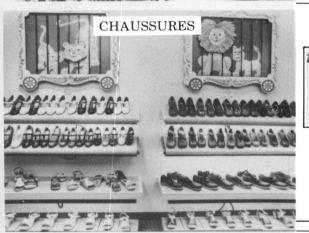

2e étage

RAYON POUR DAMES

1er étage

MEUBLES

ÉQUIPEMENT-SALLE DE BAINS

CASSEROLES

SERVIETTES

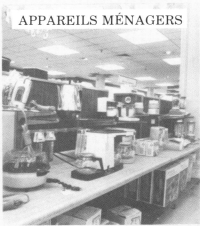

APPAREILS MÉNAGERS

BIJOUTERIE

RAYON POUR HOMMES

A Questions et réponses

Donnez une question pour chaque réponse.

1. La maison de Roger est près du stade.
2. Son chat s'appelle Froufrou.
3. Ma mère est grande et blonde.
4. Non, je ne vais pas à cette party.
5. Mon grand frère a vingt ans.
6. Nous travaillons tous les samedis.
7. J'ai deux dollars.
8. Mais si, je rentre à l'heure!

B Les préférences

Qu'est-ce que tu préfères . . .

1. les concerts ou les disques?
2. les policiers ou les westerns?
3. l'été ou l'hiver?
4. les livres ou les sports?
5. le bleu ou le vert?
6. le lait ou le café?
7. la radio ou la télé?
8. les vacances ou l'école?

C Tout nouveau, tout beau!

Suivez les modèles: Ce chanteur est nouveau.
Cette chose est nouvelle.
Ces souliers sont nouveaux.
Ces choses sont nouvelles.

1. manteau
2. arbre
3. magasin
4. appartement
5. robe
6. assiette
7. revue
8. jeans
9. souliers
10. chaussettes
11. chemises
12. blouses

Utilisez l'adjectif beau et répétez l'exercice!

D Les vêtements

Qu'est-ce que tout le monde porte?

Marianne / manteau / gris ⟶ Marianne porte un manteau gris.

1. Le professeur / chemise / bleu
2. Le musicien / pantalon / rouge
3. La directrice / blouse / jaune
4. Mes copains / souliers / noir
5. Je / chemise / vert
6. Mes copines / jupes / gris
7. Vous / veste / blanc
8. Tu / robe / brun

E Les associations

Which ideas go together?

1. deux	un concert
2. la vaisselle	les vêtements
3. l'an 2001	les assiettes
4. porter	la chance
5. un musicien	une paire
6. pressé	une idée
7. aimer mieux	l'avenir
8. penser	en retard
9. un magasin	préférer
10. une loterie	un solde

F Mettez au singulier!

1. Il y a de bonnes émissions ce soir.
2. Ils aiment des tests faciles.
3. C'est des questions importantes.
4. Ils ont de mauvaises notes.
5. Ces règles sont folles!
6. Nous avons de nouveaux amis.
7. Tous les repas sont formidables!
8. Mes nouveaux manteaux sont jolis.

G Mettez au pluriel!

1. C'est une belle chemise.
2. C'est une bonne question!
3. Elle porte une nouvelle jupe.
4. Je travaille tout le matin.
5. Sa copine est très aimable.
6. C'est une grande pharmacie.
7. Cette élève est intelligente.
8. Ce solde est sensationnel!

H Par exemple!

Donnez des exemples!

1. un homme important
2. une femme importante
3. une matière facile
4. une matière difficile
5. un grand magasin
6. une bonne émission

7. un nouveau film
8. des vêtements pour garçons
9. des vêtements pour filles
10. une revue canadienne
11. une activité pour les jeunes
12. un musicien formidable

I Les expressions de quantité

Complétez les phrases.

bouteille, douzaine, kilo, sac, litre, boîte, verre

1. Il y a une . . . de Pepsi dans le frigo.
2. Nous avons besoin d'une . . . de céréales.
3. Garçon! Un . . . de vin, s'il vous plaît!
4. C'est combien, un . . . de bananes?
5. Un . . . de fromage bleu, s'il vous plaît!
6. C'est combien, un . . . de lait?
7. Elle achète une . . . d'oranges.
8. Un . . . de pommes de terre, ça coûte combien?
9. Maman! Avons-nous une . . . d'orangeade?
10. Voici une . . . de chocolats pour ton anniversaire!

J Quel adjectif? Quelle forme?

1. Jean-Claude n'a pas d'argent. Il est (anglais / fauché).
2. Vite! Nous sommes (content / pressé)!
3. Les élèves n'aiment pas le livre. Il est (ennuyeux / intéressant).
4. Les Tremblay ont une (haut / nouveau) voiture.
5. J'ai de (mauvais / joli) notes en histoire!
6. Comment s'appelle ton chanteur (rouge / favori)?

K C'est la même chose!

Il est aimable. ⟶ Il est sympathique.

1. Ce repas est formidable!
2. Généralement, j'aime la musique moderne.
3. Mon frère étudie tout le temps.
4. Comment? Tu vends ta bicyclette?
5. Tu ne penses jamais à ton avenir!
6. Mon amie habite loin d'ici.

L Au contraire!

Quel est le contraire de chaque phrase?

exemple: Il a peu d'argent. ⟶ Il a beaucoup d'argent.

1. J'ai de bonnes notes.
2. Il habite près de chez moi.
3. Ce job est intéressant.
4. Mes soeurs sont petites.
5. Il y a beaucoup de neige cette année!
6. En automne, il fait mauvais.
7. Son copain est pénible!
8. Nous sommes en avance.
9. Cette question est difficile.
10. Mon frère étudie peu.
11. Elle ne rentre jamais tard.
12. Je n'ai pas assez d'argent!

M Quel verbe? Quelle forme?

1. Nous (finir / vendre) le dîner à sept heures.
2. Mon petit frère (casser / grandir) vite!
3. Je ne (réfléchir / manger) jamais!
4. Mon copain (acheter / réussir) à l'école.
5. Nos voisins (visiter / vendre) leur maison.
6. Est-ce que tu (étudier / répondre) à la porte?
7. Tu vas au match ce soir? Ça (dépendre / penser)!
8. Qu'est-ce que tu (coûter / préférer) comme activité?
9. Mon père (chercher / finir) notre chien dans le jardin.
10. Assez! Vous (dépenser / casser) toutes les assiettes!
11. Voici mes nouveaux jeans. Qu'en (chercher / penser)-tu?
12. Tu es fou! Tu (plaisanter / casser) tout le temps!
13. Les nouveaux vêtements (gagner / coûter) trop d'argent!
14. Tous mes copains (finir / porter) des T-shirts.

N Comment dit-on en français . . . ?

Cherchez dans la liste!

1. *You're right!*
2. *I agree!*
3. *All my pals are broke!*
4. *You're kidding!*
5. *Everyone's in a hurry!*
6. *You're lucky!*
7. *There's never enough time!*
8. *That's life!*
9. *There they are!*
10. *What do you think?*

Tous mes copains sont fauchés!
Tout le monde est pressé!
Tu as raison!
Qu'en penses-tu?
Je suis d'accord!
Les voilà!
C'est la vie!
Tu plaisantes!
Il n'y a jamais assez de temps!
Tu as de la chance!

A   Questions et réponses

Voici des réponses. Quelles sont les questions?

1. Mon père est au bureau.   Où est ton père?
2. Margot est en ville.
3. Chantal est petite et blonde.
4. Mon nouveau chandail est bleu.
5. Il s'appelle Guy Larose.
6. Le dimanche, je reste à la maison.
7. Je rentre de l'école à 4 h 30.
8. Il chante parce qu'il aime la musique!
9. C'est mon professeur de français.
10. J'ai trois dollars, c'est tout!

B   Au contraire!

Trouvez des expressions contraires!

1. facile	trouver
2. toujours	beaucoup
3. un peu	en retard
4. donner	dernier
5. en avance	aimable
6. premier	grand
7. commencer	difficile
8. petit	vendre
9. loin de	souvent
10. avant	prendre
11. quelquefois	finir
12. pénible	après
13. chercher	jamais
14. acheter	près de

C   C'est la même chose!

Trouvez des expressions équivalentes!

1. aimable	en route!
2. de temps en temps	une amie
3. aimer mieux	sympathique
4. tout le temps	préférer
5. d'habitude	normalement
6. rentrer	retourner
7. prendre le dîner	beau
8. une copine	dîner
9. une horloge	quelquefois
10. joli	toujours
11. on y va!	les assiettes
12. la vaisselle	une pendule

D   Les contrastes

Complétez chaque phrase avec ne...jamais!

1. J'arrive toujours à l'heure, mais Michel n'arrive jamais à l'heure!
2. M. Laroche plaisante toujours, mais M. Cartier...
3. Lucette rentre toujours tard, mais Pierrette...
4. Je réponds toujours en classe, mais mes copains...
5. Mes copains marquent toujours des buts, mais moi, je...
6. Je dépense toujours de l'argent, mais mon ami...
7. Luc prend toujours du lait avec le déjeuner, mais Jean...
8. Il y a toujours un solde au grand magasin, mais à la boucherie...

E L'identification

C'est une chose, une personne, un animal ou une plante?

1. un chien
2. une fille
3. un arbre
4. un immeuble
5. une fleur
6. un chat
7. un lit
8. un chanteur
9. une valise
10. un lion
11. un musicien
12. un fils

F Les catégories

Donnez des exemples pour chaque catégorie!

une matière →les maths

1. une couleur
2. un animal
3. un instrument
4. une saison
5. un sport
6. une pièce de la maison
7. une émission à la télé
8. un membre de la famille
9. un magasin
10. un vêtement

G Les questions

Trouvez deux autres façons de poser les questions suivantes.

1. Achetez-vous vos disques au centre d'achats?
2. Est-ce que tu rentres tout de suite?
3. Tu fais la vaisselle chez toi?
4. Parlez-vous français, madame?
5. Vous cherchez un job cet été?
6. Est-ce qu'ils aident leur mère?
7. Elle a une nouvelle robe aujourd'hui?
8. Est-ce qu'il y a un solde en ville?

H Le temps passe vite!

Complétez chaque phrase avec le verbe finir!

1. Je ... mes devoirs à 7 h 30.
2. Mon père ... son travail à 5 h 00.
3. Nous ... le test à 11 h 05.
4. Le match ... à 9 h 15.
5. Les classes ... à 3 h 40.
6. L'émission de télé ... à 1 h 45.
7. Mes copines ... leurs leçons de piano à 9 h 10.
8. Ils ne ... jamais leur dîner avant 8 h 20.
9. Vous ... votre journée à 6 h 15? C'est très tard!
10. Tu ne ... pas ton déjeuner? Il est déjà 12 h 50!

I Les nombres

Lisez les phrases à haute voix!

1. Mon numéro de téléphone, c'est le 481-6897.
2. Mon anniversaire, c'est le 31 octobre.
3. Combien font 535 et 89?
4. Combien font 880 moins 130?
5. Le Boeing 747 est un gros avion.
6. Il y a 1000 g dans un kilo.
7. Mon grand-père a 99 ans aujourd'hui.
8. Cette moto coûte $677.00!
9. Il y a 928 pages dans ce dictionnaire!
10. Mon cousin a 101 disques dans sa collection!
11. Chapleau est à 975 km de Belleville.
12. C'est notre 1er test de français!
13. C'est leur 1er enfant.
14. C'est ma 1re visite à Toronto.
15. Mme Leblanc habite au 5e étage.
16. M. Leduc habite au 9e étage.

J Faites des phrases!

à, au, à la, à l', ou aux?

1. Mon frère / parler / téléphone
   → Mon frère parle au téléphone.
2. Nous / aller / centre d'achats / ce soir
3. Louise / ne / faire / pas / attention / argent
4. Mon cousin / répondre / toujours / lettres
5. Je / téléphoner / mes copains / tous les soirs
6. Après le concert / nous / parler / chanteuse
7. Le prof / donner / trop de devoirs / élèves
8. Jean / demander / de l'argent / son père

K1 Les adjectifs singuliers

grand: Le supermarché est grand. /
      La pharmacie est grande.

1. petit: Mon frère est ... . / Ma soeur est ... .
2. content: Le garçon est ... . / La fille est ... .
3. beau: L'auto est ... . / L'avion est ... .
4. français: C'est une émission ... . / C'est un film ... .
5. aimable: Ton copain est très ... . /
      Ta copine est ... aussi.

K2 Les adjectifs pluriels

beau: Ces appartements sont beaux. /
      Ces maisons sont belles.

1. bon: Ces pommes sont ... . / Ces biscuits sont ... .
2. important: Ces soldes sont ... . /
      Ces questions sont ... .
3. joli: Ces manteaux sont ... . / Ces robes sont ... .
4. nouveau: Ces chaussettes sont ... . /
      Ces souliers sont ... .
5. intelligent: Ces garçons sont ... . /
      Ces réponses sont ... .

L Les adjectifs singuliers et pluriels

a) **Faites des phrases. Employez tous les adjectif**
    idée / bon → Cette idée est bonne.
             Ces idées sont bonnes.

1. fille / aimable, sympathique, pénible
2. voiture / vert, gris, blanc
3. hôtel / grand, petit, beau
4. classe / ennuyeux, intéressant, formidable
5. appartement / grand, joli, petit
6. guitare / petit, nouveau, beau
7. bâtiment / grand, haut, petit
8. professeur / anglais, français, canadien
9. école / nouveau, bon, grand
10. fleur / beau, petit, joli

b) Maintenant, faites cet exercice encore une foi
    de la façon suivante:
    idée / bon → C'est une bonne idée.
             C'est de bonnes idées.

M L'élimination des mots!

Trouvez le mot qui ne va pas!

1. copain, amie, copine, fenêtre
2. mère, frère, cuisine, cousine
3. seconde, minuit, étage, heure
4. chanteur, musicien, guitare, assiette
5. minuit, manteau, soulier, jeans
6. pharmacie, revue, supermarché, épicerie
7. violet, rouge, gros, vert
8. acheter, dépenser, vendre, rester
9. casser, penser, apprendre, réfléchir
10. rapide, occupé, vite, pressé
11. blond, petit, grand, gros
12. sur, sous, entre, salon

N Les magasins

Où est-ce que tu achètes...

1. du café et du sucre?
2. du pain?
3. de l'aspirine?
4. de la viande?
5. des gâteaux?
6. des vêtements?
7. du lait?
8. des livres?

O Les expressions de quantité

Complétez chaque phrase!

> litre, bouteille, douzaine, kilo, sac, boîte,
> verre, beaucoup, peu, assez, trop

1. Ma mère achète trois ... Pepsi pour la party.
2. Je déteste l'école! Il y a ... devoirs!
3. Pierre prend toujours un ... lait avec le dîner.
4. Brigitte Labombe est très sympa. Elle a ... amis.
5. Une ... Cheerios, ça coûte combien?
6. Monsieur! J'ai 25¢! C'est ... argent pour un ... bonbons?
7. Il a douze ans aujourd'hui! Il y a une ... bougies sur son gâteau!
8. Cette pizzeria achète cent ... fromage toutes les semaines!
9. Notre chat a toujours faim. Il mange une ... sardines tous les jours!
10. Il y a très ... touristes sur la lune!
11. Garçon! Un ... vin et quatre verres, s'il vous plaît!
12. ... élèves aiment les vacances, mais ... élèves aiment les tests!

P Les vêtements

Répondez par une phrase complète!

1. Est-ce que tu portes un chandail en été?
2. De quelle couleur sont tes jeans?
3. Est-ce que tu portes un manteau ou une veste en automne?
4. Pour une party, est-ce que tu portes une jupe ou un pantalon?
5. De quelle couleur sont tes souliers?
6. Est-ce que tu portes quelquefois des chaussettes blanches?
7. D'habitude, est-ce qu'un garçon porte une blouse ou une chemise?
8. Quel est le nouveau style pour les jeunes? Est-ce que tu aimes ça?

Q La langue familière

Trouvez des expressions équivalentes.
Cherchez dans la liste!

1. comme cela
2. un professeur
3. un ami
4. Bonjour!
5. Comment allez-vous?
6. un électrophone
7. une automobile
8. une motocyclette
9. sympathique
10. les mathématiques

> Salut!
> les maths
> une auto
> Comment ça va?
> un tourne-disque
> comme ça
> sympa
> un copain
> un prof
> une moto

R Quel verbe? Quelle forme?

Choisissez un verbe de la liste et complétez
chaque phrase!

commencer, réussir, vendre, aimer mieux, ranger, acheter,
finir, préférer, répondre, grandir, apprendre, arriver

1. Jean-Claude ne ... jamais son travail!
2. Tu ... ta chambre tous les jours? Tu es formidable!
3. Moi, j'adore les comédies à la télé, mais mes
   parents ... les westerns.
4. Enfin! Nous ... les vacances demain!
5. Georges! Est-ce que tu ... quelque chose pour
   l'anniversaire de ta cousine?
6. Notre chien est très intelligent – il ... vite!
7. Mon oncle est sympa – il ... toujours à mes lettres.
8. Les fleurs ... très vite quand le printemps ... .
9. Les maths sont difficiles! Je ne ... jamais!
10. Mes voisins ont un petit magasin où ils ... des
    souvenirs.

S Avoir, être, faire, aller ou prendre?

Choisissez le bon verbe!

1. Vite! Nous ... en retard!
2. Combien ... deux et cinq?
3. Je ... le déjeuner à midi.
4. Quel temps ... -il?
5. Comment ...-vous?
6. Tu ... vraiment pénible!
7. Nous ... de très bonnes notes!
8. Est-ce que vous ... du sucre dans votre café?
9. Est-ce que tu ... au concert ce soir?
10. Vous ... assez de nouveaux vêtements!

T Les adverbes
Inventez des phrases contraires!

1. Il neige peu en hiver.
   → Il neige beaucoup en hiver.
2. Notre chien n'a jamais faim!
3. Notre prof plaisante peu.
4. Je ne parle pas assez en classe.
5. Ma soeur grandit beaucoup cette année!
6. Mes copains travaillent trop à l'école.
7. Je fais des amis difficilement.
8. Ce musicien ne chante pas bien!
9. Il pleut peu au printemps.
10. Marc ne pense jamais à son avenir.

U Les expressions avec faire
Complétez les phrases!

faire... du sport, du ski, la vaisselle,
attention, chaud, froid

1. Les élèves ne ... jamais ... !
2. Georges! Tu ... la ... ce soir?
3. En hiver, mes parents ... du ... .
4. En juillet, il ... toujours ... !
5. En janvier, il ... toujours ... !
6. Roger Dubé ... du ... toute l'année!

V Pardon?
Posez des questions!

1. Cet homme est beau! → Quel homme?
2. Ce chien est gros!
3. Ces chanteurs sont formidables!
4. Ces revues sont nouvelles!
5. Cette règle est folle!
6. Cette idée est bonne!

W Tout d'un coup!

Inventez des phrases. Utilisez l'adjectif tout!

Jean / temps ⟶ Jean parle tout le temps!

1. Georges / journée
2. Hélène / week-end
3. M. Legros / semaine
4. Mme Doucette / jours
5. Les élèves / matières
6. Nous / soirs

X Mots cachés

Dans la liste suivante, trouvez
et épelez les mots cachés!

1. beaucoup
2. toujours
3. retourner
4. anniversaire
5. facilement
6. lendemain
7. grandir
8. travailler
9. rencontrer
10. mademoiselle

Y Comment dit-on en français?

1. *What time is it?*
2. *How much does that cost?*
3. *What is her name?*
4. *I'm looking for a job this summer.*
5. *Fine! That's enough!*
6. *At last! There he is!*
7. *They're always kidding!*
8. *She works after school.*
9. *I need money!*
10. *Good-bye! See you tomorrow!*

Cherchez dans la liste!

Ils plaisantent toujours!
Comment s'appelle-t-elle?
Au revoir! À demain!
Ça va! C'est assez!
Ça coûte combien?
J'ai besoin d'argent!
Je cherche du travail cet été.
Elle travaille après l'école.
Enfin! Le voilà!
Quelle heure est-il?

Z Questions personnelles

1. Qu'est-ce que tu préfères, les westerns ou les policiers?
2. Quelle couleur préfères-tu?
3. Est-ce que tu prends du lait avec le dîner?
4. Quel est ton film favori?
5. Qu'est-ce que tu portes le week-end?
6. Est-ce que tu aides tes parents chez toi?
7. D'habitude, à quelle heure vas-tu au lit?
8. Est-ce que tu es toujours content(e)? Pourquoi?
9. Est-ce que les classes sont quelquefois ennuyeuses?
10. Est-ce que le français est facile pour toi?
11. Est-ce que tu écoutes des émissions françaises à la radio ou à la télé? Quelles émissions? Quand?
12. Qui est ton chanteur favori (ta chanteuse favorite)?

ÉCHOS DU PASSÉ

In this unit you will learn:

how to form and use the *passé composé* (past tense) of French verbs.

CHEZ LES CARTIER

En septembre, 1534, après son premier voyage au Canada,
Jacques Cartier rentre chez lui à Saint-Malo en France.

MME CARTIER — Tu rentres enfin, Jacques!
Tu as quitté la maison au printemps et c'est maintenant l'automne!

JACQUES — Mais, chérie, je n'ai pas perdu de temps! Nous avons traversé l'océan Atlantique! Le voyage a duré trois semaines! Ce n'est pas beaucoup! J'ai exploré un nouveau pays très loin d'ici.

MME CARTIER — Tu n'as pas rapporté quelque chose pour moi, Jacques? Des bijoux, de l'or . . . ?

JACQUES — Mes hommes ont cherché partout, mais ils n'ont pas trouvé d'or.

MME CARTIER — Alors, tu n'as pas réussi! Le roi a envoyé cette expédition pour trouver des richesses. Qu'est-ce que tu as répondu quand il a demandé l'or?

JACQUES — Hier, j'ai parlé au roi. Il est assez content. Après tout, nous avons laissé une croix en son nom là-bas! Eh bien, chérie, j'ai rendez-vous bientôt chez le roi. Nous n'avons pas fini les préparations du deuxième voyage. Nous retournons à ce pays au printemps. Au revoir!

MME CARTIER — Quelle misère! Pourquoi est-ce que j'ai choisi un explorateur comme mari!

masculin

un bijou (-x)	*jewel*
un explorateur	*explorer*
un mari	*husband*
un nom	*name*
un océan	*ocean*
l'or	*gold*
un pays	*country*
un roi	*king*

féminin

une croix	*cross*
une expédition	*expedition*
les richesses	*riches*

verbes

choisir	*to choose*
durer	*to last*
envoyer	*to send*
explorer	*to explore*
laisser	*to leave (behind)*
perdre	*to lose*
rapporter	*to bring back*
traverser	*to cross*

adverbes

hier	*yesterday*
partout	*everywhere*

pronom

quelque chose	*something*

expressions

avoir rendez-vous	*to have a meeting*
chéri(e)	*dear, sweetheart*
chez lui	*home, at his house*
là-bas	*over there*
quelle misère!	*poor me! what a life!*

A Vrai ou faux?

1. Jacques Cartier a habité Saint-Malo.
2. Il a traversé l'océan Pacifique.
3. Il a trouvé de l'or au Canada.
4. Le roi n'est pas content.
5. Cartier retourne au Canada.

B Complétez

1. Cartier a quitté la maison au . . . .
2. Il a exploré un nouveau . . . .
3. Ses hommes ont cherché . . . , mais ils n'ont pas trouvé d'. . . .
4. Le roi est assez . . . ; Cartier a laissé une . . . en son nom au Canada.
5. Cartier a visité le roi pour faire des . . . pour son . . . voyage au Canada.

SAVIEZ-VOUS?

Comment dire la date

1534	Mil cinq cent trente-quatre
1730	Mil sept cent trente
1985	Mil neuf cent quatre-vingt cinq

En 1534, Jacques Cartier a voyagé au Canada.

LE PASSÉ COMPOSÉ DES VERBES AVEC *AVOIR*

The passé composé *is used to describe events that happened in the past. It is made up of two parts: a present tense form of the verb* avoir *and a special form of the main verb, called the* participe passé.

le présent du verbe avoir + le participe passé

LE PASSÉ COMPOSÉ DES VERBES RÉGULIERS EN -*ER*

La forme affirmative

modèle: parler *(to speak)*

j'ai parlé*	nous avons parlé
tu as parlé	vous avez parlé
il a parlé	ils ont parlé
elle a parlé	elles ont parlé

*I spoke, I have spoken, I did speak

l'infinitif		le participe passé
-er	⟶	-é

parler ⟶ parlé *(spoken)*
travailler ⟶ travaillé
manger ⟶ mangé
chanter ⟶ chanté
durer ⟶ duré
laisser ⟶ laissé

Exemples

Jacques Cartier a exploré le Canada.

Vous avez voyagé à Montréal?

J'ai quitté la maison à midi.

MINI-DIALOGUE: Quelle chance!

> – Tu as travaillé hier soir?
> – Mais non! J'ai regardé la télé!
> – Tu as de la chance!

1. Roger
   écouter des disques

2. Marie
   parler avec Guy

3. Vous
   visiter des amis

4. Ils
   dîner au restaurant

Une reconstitution moderne de la *Grande Hermine*, un des trois navires de la deuxième expédition de Jacques Cartier.

A Comme toujours!

1. Aujourd'hui, maman travaille à la banque.
   ▶ Hier, elle a travaillé à la banque aussi.
2. Aujourd'hui, Georges range sa chambre. Hier, . . .
3. Aujourd'hui, Lise et Anne parlent au téléphone. Hier, . . .
4. Aujourd'hui, je dépense beaucoup d'argent. Hier, . . .
5. Aujourd'hui, le film commence à huit heures. Hier, . . .
6. Aujourd'hui, les enfants cherchent leur chien. Hier, . . .
7. Aujourd'hui, mon père stationne son auto en ville. Hier, . . .
8. Aujourd'hui, je regarde la télé. Hier, . . .

B Quel verbe? Quelle forme?

Mettez les phrases au passé composé!

1. Vous (rencontrer / stationner) des amis?
2. Il (préparer / casser) un sandwich.
3. Nous (traverser / envoyer) la rue.
4. Elles (dépenser / aider) tout leur argent.
5. Je (commencer / manger) mes devoirs.
6. Tu (habiter / montrer) à Trois-Pistoles?

C Inventez des phrases!

Complétez les phrases au passé composé.

1. À Trois-Pistoles, nous
2. Au match de hockey, Roger
3. À la party, Colette
4. Au stade, j'
5. Dans le couloir, ils
6. À la boulangerie, elles

regarder un match
acheter du pain
marquer un but
parler au directeur
visiter l'école polyvalente
danser avec Yves

D Un peu d'histoire

Est-ce que tu aimes l'histoire? Lis la page 141 et complète les phrases suivantes.

1. En 1534, le roi de France
2. En 1603, Samuel de Champlain
3. En 1682, Robert de La Salle
4. En 1731, Pierre de La Vérendrye
5. En 1783, les États-Unis
6. En 1867, John A. Macdonald

trouver le lac Winnipeg
gagner leur indépendance
visiter la Nouvelle-France
envoyer Jacques Cartier au Canada
explorer la région du Mississippi
commencer à gouverner le Canada

L'ORDRE DU ROI DE FRANCE

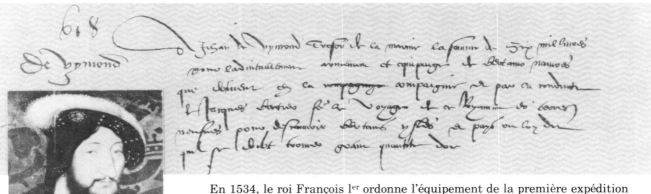

En 1534, le roi François Ier ordonne l'équipement de la première expédition de Jacques Cartier: «. . . pour faire le voyage de ce royaume aux Terres Neuves pour découvrir certaines îles et pays où . . . il y a grande quantité d'or et autres riches choses . . .»

LES EXPLORATEURS

Samuel de Champlain a visité la Nouvelle-France en 1603. En cette année, il a exploré le Saint-Laurent. Plus tard, il a exploré la région maritime du Canada, le lac Ontario et le lac Huron. Champlain a fondé les villes de Québec et de Trois-Rivières.

Robert de La Salle a voyagé à Montréal en 1666. Puis, il a exploré la région du lac Ontario et du lac Erié. Plus tard, en 1682, il a exploré le Mississippi jusqu'au golfe du Mexique. Il a nommé toute cette région «La Louisiane» en l'honneur du roi de France, Louis XIV.

Pierre de La Vérendrye a commencé ses explorations en 1730. Il a exploré la région ouest du pays, jusqu'aux montagnes Rocheuses. En 1731, lui et ses fils ont trouvé le lac Winnipeg. Plus tard, en 1738, ils ont trouvé la rivière Missouri et la rivière Rouge.

LE PASSÉ COMPOSÉ DES VERBES RÉGULIERS EN -*ER*

La forme négative

phrases affirmatives	**phrases négatives**
Il a travaillé samedi. ———————→	Il n'a pas travaillé samedi.
Vous avez gagné le match. ————→	Vous n'avez pas gagné le match.
J'ai acheté une moto. ——————→	Je n'ai pas acheté de moto.
J'ai rangé ma chambre. —————→	Je n'ai jamais rangé ma chambre.
Nous avons cassé des assiettes. —→	Nous n'avons jamais cassé d'assiettes.

 Use ne (n' *before a vowel sound*) *before the verb* avoir *and the negative completion* (pas, jamais) *after the verb* avoir.

 In a negative sentence, de *or* d' *is used instead of* un, une, du, de la, de l' *or* des.

MINI-DIALOGUE: Les voyages

—Alors, tu as voyagé à Toronto?
 Quelle chance!
—Oui, mais il y a quelque chose . . .
—Qu'est-ce que c'est?
—Je n'ai pas visité la tour CN!
—C'est dommage!

1. Paris
 la tour Eiffel

2. Trois-Pistoles
 l'école Polyvalente

3. Montréal
 la Place des Arts

4. Saint-Jean
 la tour Cabot

5. Vancouver
 le parc Stanley

6. Halifax
 la Citadelle

MINI-DIALOGUE: Jamais de la vie!

—Je n'ai jamais dîné chez Mario!
—Vraiment? C'est un restaurant formidable!

1. visiter Calgary
 une ville

2. voyager en France
 un pays

3. préparer une pizza
 un repas

4. manger des olives
 un goûter

5. rencontrer Jean-Claude
 un garçon

6. aimer la géographie
 une matière

7. écouter ce disque
 une chanteuse

8. nager en hiver
 une expérience

A Les enfants ne travaillent pas!

Mme Léger pose des questions à ses enfants.
Jouez les rôles et donnez des réponses négatives!

1. Marie, tu as envoyé un cadeau à ta cousine?
2. Pierre, est-ce que tu as acheté du pain?
3. Anne! Guy! Est-ce que vous avez préparé
   le dîner?
4. Pierre! Tu as téléphoné à M. Goudreau?
5. Guy! Tu as commencé tes devoirs?
6. Les enfants! Vous avez rangé vos chambres?

Pendant son premier voyage, Cartier a exploré la
Gaspésie, où il a laissé une croix avec l'inscription:
« Vive le roi de France!»

B Je n'aime pas ça!

Utilisez le passé composé et complétez les
phrases avec ne . . . jamais

1. Carole déteste les grandes villes, alors, elle
   n'a jamais voyagé à Toronto.
2. M. Rivard déteste les hauts bâtiments, alors,
   il (visiter) la tour CN.
3. Louis déteste les sports, alors, il (regarder)
   le football à la télé.
4. Mes parents détestent les longs voyages,
   alors, ils (voyager) très loin.
5. Ma cousine déteste l'eau froide, alors, elle
   (nager) dans notre piscine.
6. Mes sœurs détestent les spaghettis, alors,
   elles (manger) dans un restaurant italien.

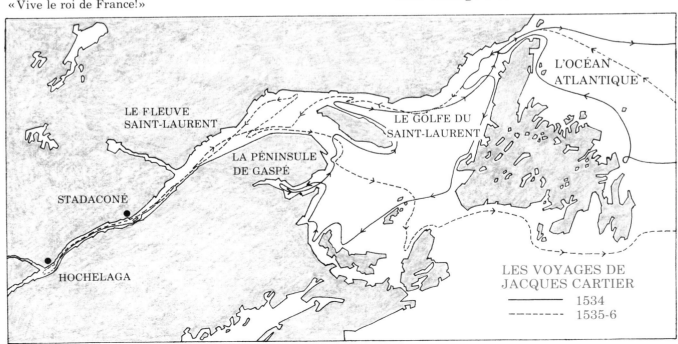

L'OCÉAN ATLANTIQUE

LE FLEUVE SAINT-LAURENT

LE GOLFE DU SAINT-LAURENT

LA PÉNINSULE DE GASPÉ

STADACONÉ

HOCHELAGA

LES VOYAGES DE JACQUES CARTIER
——— 1534
------- 1535-6

LE PASSÉ COMPOSÉ DES VERBES RÉGULIERS EN -*ER*

Les formes interrogatives

Il a téléphoné ce soir? *(Use rising intonation:* ➚ *)*
Est-ce qu'il a téléphoné ce soir? *(Use* est-ce que *or* est-ce qu'.*)*
A-t-il téléphoné ce soir? *(Use inversion: reverse the order of the subject and the form of the verb* avoir.*)*

MINI-DIALOGUE: Roger n'est pas là!

—As-tu dîné avec Roger aujourd'hui?
—Non! Il n'est pas là!
—Comment?
—Il est au cinéma!

1. rencontrer
   en ville
3. téléphoner à
   au cinéma

2. parler à
   chez Marie
4. visiter
   en vacances

MINI-DIALOGUE: Le grand solde!

—Dis donc! Où a-t-il acheté ces jeans?
—Au grand magasin, je pense.
—Formidable! Allons-y!
—Oh! Toi, tu es toujours pressé!

1. elle
   disque
   magasin de disques
3. ils
   gâteaux
   pâtisserie

2. il
   poster
   librairie
4. elles
   chandails
   magasin de sports

Sur les pas de Jacques Cartier . . . un extrait du livre de Samuel de Champlain sur ses voyages en Nouvelle-France.

En 1608, Champlain explore le terrain près de la colonie de Québec: « Nous avons trouvé de grandes pièces de bois . . . et trois ou quatre balles de canon. Toutes ces choses montrent évidemment que cela a été une habitation . . . qui a été fondée par . . . Jacques Cartier. »

DV SIEVR DE CHAMPLAIN.

60. de large. Plus proche dudit Quebecq, y
a vne petite riuiere qui vient dedans les terres
d'vn lac diftant de noftre habitation de fix à
ept lieues. Ie tiens que dans cefte riuiere qui
eft au Nort & vn quart du Noroueft de noftre
habitation, ce fut le lieu où Iaques Quartier
yuerna, d'autant qu'il y a encores à vne lieue
dans la riuiere des veftiges cóme d'vne chemi-
nee, dont on à trouué le fondement, & apparence d'y auoir eu des foffez autour de leur lo-
gement, qui eftoit petit. Nous trouuafmes
auffi de grádes piecesde boisefcarrees, vermou-
lues, & quelques 3. ou 4. balles de canon. Toutes ces chofes monftrent euidemment que c'à
efté vne habitation, laquelle a efté fondee par
des Chreftiens: & ce qui me fait dire & croire
que c'eft Iaques Quartier, c'eft qu'il ne fe trou-
ue point qu'aucun aye yuerné ny bafty en ces
lieux que ledit IaquesQuartier au temps de fes
defcouuertures, & failloit, à mon iugemét, que
ce lieu s'appelaft fainte Croix, comme il l'auoit
nommé, que l'on a transferé depuis à vn autre
lieu qui eft 15. lieues de noftre habitatió à l'Ou-
eft, & n'y a pas d'apparence qu'il euft yuerné
en ce lieu que maintenant on appelle faincte
Croix, n'y en d'autres: d'autant qu'en ce che-
min il n'y a riuiere ny autres lieux capables
de tenir vaiffeaux, fi ce n'eft la grande riuiere

AU TRAVAIL

A Le test d'histoire

Tu aides Jean-Paul à étudier pour un
test d'histoire. Tu cherches les réponses
suivantes. Utilise l'expression *est-ce que*
et pose les questions!

1. Oui, Cartier a exploré le Canada.
2. Non, il n'a pas voyagé en avion.
3. Oui, il a traversé l'océan Atlantique.
4. Non, il n'a pas trouvé d'or.
5. Oui, il a trouvé des Indiens.
6. Oui, le roi a envoyé Cartier au Canada.
7. Non, Cartier n'a pas habité à Paris.
8. Oui, il a laissé une croix au Canada.

B La conversation de téléphone

Lise et Chantal parlent au téléphone.
Voici les réponses de Lise. Quelles sont les
questions de Chantal? Utilisez l'inversion!

1. «Oui, j'ai parlé à Louis aujourd'hui.»
2. «J'ai rencontré Louis au restaurant.»
3. «Nous avons mangé des frites.»
4. «Oui, j'ai téléphoné à Yvonne.»
5. «Non, elle n'a pas gardé les enfants
   des Dubois.»
6. «C'est ça. Ils ont décidé de rester à
   la maison.»

LE PASSÉ COMPOSÉ DES VERBES RÉGULIERS EN -IR

modèle: finir *(to finish)*

j'ai fini*	nous avons fini
tu as fini	vous avez fini
il a fini	ils ont fini
elle a fini	elles ont fini

I finished, I have finished, I did finish

Exemples   Votre enfant a grandi très vite!
Nous n'avons pas fini le repas!
Pourquoi as-tu choisi ce livre?

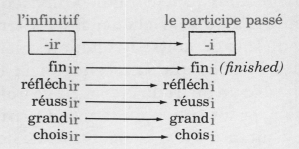

l'infinitif	le participe passé
-ir	-i

finir ⟶ fini *(finished)*
réfléchir ⟶ réfléchi
réussir ⟶ réussi
grandir ⟶ grandi
choisir ⟶ choisi

MINI-DIALOGUE: Tu n'as pas fini?

—As-tu fini ton repas?
—Non!
—Pourquoi, alors?
—Parce que je suis pressé!

1. tes devoirs
   malade
2. ta composition
   occupé
3. ton déjeuner
   en retard
4. le match de basket-ball
   trop petit

MINI-DIALOGUE: Un bon choix!

—Tiens! J'ai acheté une nouvelle auto!
—Ah bon! Qu'est-ce que tu as choisi?
—J'ai choisi une Chevrolet!
—Bravo!

1. moto
   une Kawasaki
2. guitare
   une Gibson
3. voiture de sport
   une Corvette
4. tourne-disque
   un Décibel

La *Petite Hermine,* le navire de Jacques Cartier, abandonné au Canada en 1536 à cause d'une épidémie de scorbut parmi les membres de l'expédition.

A C'est la fin!

1. le concert / 11:00   Le concert a fini à onze heures.
2. la classe / 3:30   5. la danse / 10:40
3. le match / 6:20   6. l'émission / 1:45
4. le repas / 7:15

B L'anniversaire de Carole

Tout le monde a acheté des cadeaux pour Carole.
Qu'est-ce qu'ils ont choisi?

1. Sa mère a choisi un disque.

2. Et ses frères?

3. Et sa soeur?

4. Et son copain?

5. Et sa copine?

6. Et ses grands-parents?

7. Et ses voisins?

8. Et son professeur?

C Questions personnelles

1. Hier, qu'est-ce que tu as choisi pour le déjeuner?
2. As-tu grandi beaucoup cette année?
3. Est-ce que tu as regardé la télé hier soir?
4. Qu'est-ce que tu as choisi comme émission?
5. As-tu fini tes devoirs hier soir?
6. Pourquoi est-ce que tu as choisi le français comme matière?

147

LE PASSÉ COMPOSÉ DES VERBES RÉGULIERS EN -RE

modèle: vendre *(to sell)*

j'ai vendu	nous avons vendu
tu as vendu	vous avez vendu
il a vendu	ils ont vendu
elle a vendu	elles ont vendu

l'infinitif   le participe passé

$$\boxed{\text{-re}} \longrightarrow \boxed{\text{-u}}$$

vendre ⟶ vendu *(sold)*
répondre ⟶ répondu
perdre ⟶ perdu
dépendre ⟶ dépendu

I sold, I have sold, I did sell

Exemples   Ils ont vendu leur maison.
Je n'ai pas répondu au téléphone.
As-tu perdu ta bicyclette?

MINI-DIALOGUE: Zut, alors!

—J'ai perdu mes billets de concert!
—Ce n'est pas vrai!
—Mais si! J'ai cherché partout!
—Zut, alors!

1. bicyclette
   quel dommage
2. montre
   imbécile
3. argent
   tu n'as pas de chance
4. valise
   zut, alors

MINI-DIALOGUE: Les affaires

—Tiens! Charles a vendu sa moto?
—Mais oui!
—Pourquoi?
—Il a acheté une nouvelle auto!

1. tourne-disque
   magnétophone
2. Chevrolet
   Corvette
3. guitare
   piano
4. appartement
   maison

148

LA TERRE
DE RUPERT

LA LOUISIANE

LES CO

LA FLORI

NOUVELLE-FRANCE

L'ACADIE

BRITANNIQUES

L'OCÉAN ATLANTIQUE

LA NOUVELLE-FRANCE
TERRES DISPUTÉES
LA NOUVELLE-ESPAGNE

A Les activités

Formez de bonnes phrases au passé composé.

1. je / choisir / livre / bibliothèque. J'ai choisi un livre
à la bibliothèque.
2. Henriette / regarder / film / cinéma.
3. tu / écouter / musique / chambre à coucher?
4. mes amis / répondre aux questions / école.
5. nous / manger / cafétéria / aujourd'hui.
6. Paul et son père / finir / vaisselle / cuisine.
7. vous / perdre / argent / en ville?
8. ses deux copines / acheter / souvenirs / tour Eiffel.

B Un peu d'histoire!

Complétez le paragraphe avec le participe passé.

Jacques Cartier a (explorer) le Saint-Laurent en 1535.
Un autre explorateur, Samuel de Champlain, a aussi
(voyager) au Canada. Les Français ont (nommer) le
Canada «La Nouvelle-France», mais ils n'ont pas
(garder) cette nouvelle colonie. En 1763, les Anglais ont
(commencer) à gouverner le Canada, mais les Canadiens-
français n'ont pas (perdre) leurs traditions françaises.
Ils ont (réussir) à préserver leur langue, leur culture
et leur religion.

C Questions personnelles

1. As-tu toujours habité au Canada?
2. As-tu visité le Québec? Quand?
3. As-tu répondu aux questions en classe aujourd'hui?
4. As-tu regardé la télé cette semaine?
5. Est-ce que tu as rangé ta chambre ce matin?
6. Où as-tu étudié hier soir?
7. Quand est-ce que tu as fini tes devoirs?
8. As-tu parlé français aujourd'hui?

149

CHEZ LES IROQUOIS

C'est l'automne de l'an 1534 dans le village indien de Stadaconé. Donnacona, le célèbre chef iroquois, rentre d'une expédition. Il raconte une histoire de visiteurs étranges . . .

«Cet été, des hommes blancs ont visité ce pays!
L'arrivée de ces hommes dans leurs deux grands canots
a surpris tout le monde!

Leur chef s'appelle Jacques Cartier. Je n'ai pas
compris sa langue étrange. C'est pourquoi nous avons
parlé en gestes. Selon Cartier, il a fait ce voyage pour
un chef important dans un pays très loin d'ici. Il a
appelé ce pays *la France* et son chef *le roi François.*

Après leur long voyage, ils ont eu très faim! Alors
nous avons mangé ensemble. J'ai expliqué à Jacques
Cartier que la chasse est très importante pour nous.
Il a été très surpris par cette nouvelle et il a demandé
pourquoi nous avons besoin de tant de fourrures. Moi,
j'ai été très surpris par sa question! Évidemment, en
France il ne fait pas si froid en hiver!

Avant de retourner en France, Jacques Cartier a
fait une promesse. Il va faire un deuxième voyage avec
beaucoup d'amis. J'attends leur retour avec impatience!»

VOCABULAIRE

masculin

un canot	*canoe*
un chef	*chief, leader*
un geste	*gesture, sign*
un homme	*man*
un retour	*return*
un village	*village*
un visiteur	*visitor*

féminin

une arrivée	*arrival*
la chasse	*hunting*
une fourrure	*fur*
une langue	*language*
une nouvelle	*piece of news*
une promesse	*promise*

verbes

appeler	*to call*
attendre	*to wait (for)*
comprendre	*to understand*
expliquer	*to explain*
raconter	*to relate, to tell*
surprendre	*to surprise*

adjectifs

célèbre	*famous*
étrange	*strange*
indien, indienne	*Indian*
iroquois, iroquoise	*Iroquois*
long, longue	*long*
surpris, surprise	*surprised*

adverbe

évidemment	*evidently*

expressions

avant de	*before*
avec impatience	*impatiently*
tant de	*so many*

A Vrai ou faux?

1. Donnacona a compris la langue de Jacques Cartier.
2. Les deux chefs ont parlé iroquois.
3. En hiver, il fait très froid au Canada.
4. Après leur voyage, Cartier et ses hommes ont eu très faim.
5. Cartier a fait une promesse à Donnacona.

B Complétez

1. L'arrivée de Cartier a . . . tout le monde.
2. Donnacona n'a pas compris la . . . de Cartier.
3. Donnacona et Cartier ont parlé en . . . .
4. En hiver, les Indiens ont besoin de beaucoup de . . .
5. Donnacona attend le retour de Cartier avec . . . .

SAVIEZ-VOUS?

En 1535, Jacques Cartier a visité le village de Stadaconé. Mais, beaucoup d'années après, les Indiens ont abandonné le village.
En 1608, Samuel de Champlain a établi une nouvelle colonie au même endroit et il a choisi un nouveau nom indien: Québec. Voilà donc l'origine de la capitale de la plus grande province du Canada.

LE PASSÉ COMPOSÉ DU VERBE *ÊTRE*

l'infinitif: être *(to be)*   le participe passé: été *(been)*

j'ai été*	nous avons été
tu as été	vous avez été
il a été	ils ont été
elle a été	elles ont été

I was, I have been

Exemples   J'ai été malade pendant trois semaines.
Ils n'ont pas été en ville.
Où as-tu été hier soir?

MINI-DIALOGUE: Déjà ou pas encore?

—Salut, maman! Je rentre!
—Tiens! Tu as déjà été au cinéma?
—Non, pas encore! J'ai été à la librairie!

1. au supermarché   2. au centre d'achats   3. au grand magasin
4. à la pharmacie   5. au restaurant   6. à l'épicerie

Jamais de la vie!

Répondez à la négative à toutes ces questions. Utilisez l'expression ne . . . jamais

1. Est-ce que Jules est malade?
   Non! Il n'a jamais été malade!

2. Est-ce que Marie est chez le docteur?

3. Est-ce que Lise et Pierre sont à la bibliothèque?

4. Est-ce que Paul est chez le directeur?

5. Est-ce que les Martin sont à Paris?

6. Est-ce que tes soeurs sont pénibles?

7. Est-ce que vous êtes riches?

8. Est-ce que ton professeur est sévère?

9. Est-ce que le français est difficile?

10. Est-ce que ces exercices sont faciles?

LE PASSÉ COMPOSÉ DU VERBE *FAIRE*

l'infinitif: faire *(to do)*
le participe passé: fait *(done)*

j'ai fait*	nous avons fait
tu as fait	vous avez fait
il a fait	ils ont fait
elle a fait	elles ont fait

I did, I have done

Exemples

Il a fait beau toute la journée.
Je n'ai jamais fait mes devoirs.
Qu'est-ce que tu as fait?

MINI-DIALOGUE: La curiosité

— Où as-tu été hier soir?
— Au magasin de disques.
— Qu'est-ce que tu as fait?
— J'ai écouté des disques!

1. à la bibliothèque
   chercher un livre

2. au grand magasin
   acheter un chandail

3. chez Alain
   regarder la télé

4. au gymnase
   faire du sport

ESQUIMAUX

HAÏDAS
TRIBUS DU
PACIFIQUE

CRIS

ALGONQUIENS

NOOTKA

PIEDS-NOIRS

SIOUX

OJIBWÉS

NÉPISSINGUE

LES TRIBUS INDIENNES

ESQUIMAUX

MONTAGNAIS

BÉOTHUKS

ALGONQUIENS

GONQUINS

MICMACS

MOHAWKS

OUTAOUAIS

ABÉNAKIS

HURONS

URONS-IROQUOIS

A Un week-end fou!

Voici les réponses de la famille Tremblay. Posez les questions avec le passé composé du verbe *faire*.

1. «J'ai rangé ma chambre!» Qu'est-ce que tu as fait?

2. «Il a fini son livre de français!»

3. «Nous avons été au cinéma!»

4. «Elles ont préparé un dîner magnifique!»

5. «J'ai visité mon oncle!»

6. «Elle a travaillé tout le week-end.»

B Chez les Gagné

Lisez ce paragraphe et répondez aux questions. Donnez des réponses complètes!

> Tout le monde a fait quelque chose ce week-end! Maurice a fait les lits et Yves a fait ses devoirs. M. Gagné a fait du travail à la maison. André et Anne ont fait la vaisselle. Chantal a fait du ski avec des amis. Et Mme Gagné? Elle a fait une promenade en ville!

1. Est-ce que Maurice a fait la vaisselle?
2. Est-ce que M. Gagné a fait les lits?
3. Est-ce que Chantal a fait ses devoirs?
4. Est-ce qu'Yves a fait une promenade en ville?
5. Est-ce que Mme Gagné a fait du ski?
6. Est-ce que Mme Gagné a fait du travail?

LE PASSÉ COMPOSÉ DU VERBE *AVOIR*

l'infinitif: avoir *(to have)*
le participe passé: eu *(had)*

j'ai eu*	nous avons eu
tu as eu	vous avez eu
il a eu	ils ont eu
elle a eu	elles ont eu

I had, I have had, I did have

Exemples

Il a eu besoin d'argent.
Vous n'avez pas eu raison!
Est-ce qu'ils ont eu faim pendant le voyage?
Hier, il y a eu un accident devant l'école.

 Le passé composé de il y a
est il y a eu.

MINI-DIALOGUE: Le temps passe vite!

—Qu'est-ce que tu as fait hier soir?
—Pas beaucoup.
—Quoi? Tu n'as pas fait la vaisselle?
—Je n'ai pas eu le temps!

1. finir tes devoirs
2. ranger ta chambre
3. aider ta mère
4. étudier ton anglais

156

AU TRAVAIL!

Du présent au passé

Mettez les phrases au passé composé.

1. Il y a un accident dans la rue!
2. Je n'ai pas le temps!
3. Il a un test de français.
4. Elle a rendez-vous chez le docteur.
5. Tu as une bonne idée!
6. J'ai une journée difficile!
7. Ils ont des problèmes avec leur voiture.
8. Est-ce que les Dubé ont des visiteurs?

SAVIEZ-VOUS?

Les anciens explorateurs de l'Amérique du Nord ont rencontré beaucoup de choses nouvelles. Pour nommer ces choses, ils ont utilisé les mots indiens, naturellement.

Voici quelques mots d'origine indienne qui existent toujours en anglais et en français:

caribou	tamarack
chinook	toboggan
esquimau	tomahawk
manitou	totem
mocassin	wigwam

LE PASSÉ COMPOSÉ DES VERBES *PRENDRE, APPRENDRE, COMPRENDRE* ET *SURPRENDRE*

modèle: prendre *(to take)*

		l'infinitif	le participe passé
j'ai pris*	nous avons pris	prendre ⟶	pris *(taken)*
tu as pris	vous avez pris	apprendre ⟶	appris
il a pris	ils ont pris	comprendre ⟶	compris
elle a pris	elles ont pris	surprendre ⟶	surpris

I took, I have taken, I did take

Exemples   J'ai pris un taxi.
Il n'a jamais appris le russe.
As-tu compris la leçon?
Le test a surpris tous les élèves.

MINI-DIALOGUE: J'accuse . . . !

> —Tu as pris mon crayon!
> —Mais non! Regarde sous la table!
> —Oh, pardon! Merci beaucoup!

1. disque
   sur le tourne-disque

2. chemise
   sous ton lit

3. montre
   sur ton bureau

4. livre
   derrière le sofa

5. bicyclette
   devant le garage

6. guitare
   dans ta chambre

Masques employés pour des cérémonies religieuses de certaines tribus iroquoises.

A Bravo, Richard!

Richard téléphone à son copain.
Il parle de sa journée.
Mettez les phrases au passé composé.

1. Je prends mes livres.

2. Je prends l'autobus devant la maison.

3. J'apprends beaucoup en classe.

4. Je comprends la leçon.

5. Je surprends mon prof!

B Un peu d'histoire!

Le passé composé, s'il vous plaît!

1. Jacques Cartier (faire) un long voyage.

2. L'arrivée des bateaux français (surprendre) les Indiens.

3. Cartier (comprendre) les gestes de Donnacona.

4. Cartier (faire) des amis chez les Indiens.

5. Les Français et les Indiens (prendre) un grand repas.

6. Cartier (apprendre) beaucoup pendant son voyage.

C Au centre d'achats

Il y a un solde au grand magasin aujourd'hui!
Tu as visité le centre d'achats et maintenant
tu rentres chez toi. Joue les rôles avec un(e)
autre élève et complète le dialogue!

—Je n'ai jamais été si fauché(e)!
—Comment? Qu'est-ce que tu as fait?
—J'ai dépensé tout mon argent au grand
   magasin!
—Alors, qu'est-ce que tu as acheté?
—J'ai acheté . . .

D L'élimination des mots!

1. eau, café, lait, fourrure

2. femme, homme, mari, monsieur

3. Canada, France, Trois-Pistoles, Italie

4. robe, jupe, canot, chemise

5. viande, lait, sandwich, pomme

6. donné, mangé, parlé, vendu

E Questions personnelles

1. À quelle heure est-ce que tu as pris le petit déjeuner?
2. As-tu fait ton lit ce matin?
3. Est-ce que tu as regardé la télé hier soir?
4. Qu'est-ce que tu as regardé?
5. As-tu écouté la radio? Quelle émission?
6. As-tu fait des devoirs? du sport? du travail?
7. As-tu téléphoné à des amis? À qui?
8. As-tu visité des magasins pendant le week-end?
9. Est-ce que tu as acheté quelque chose?
10. Est-ce que tu as fini tous ces exercices?
11. As-tu appris un peu d'histoire dans cette leçon?
12. Est-ce que tu as eu des problèmes avec le passé composé?
13. As-tu compris toutes ces questions?
14. Est-ce que tu as toujours répondu?

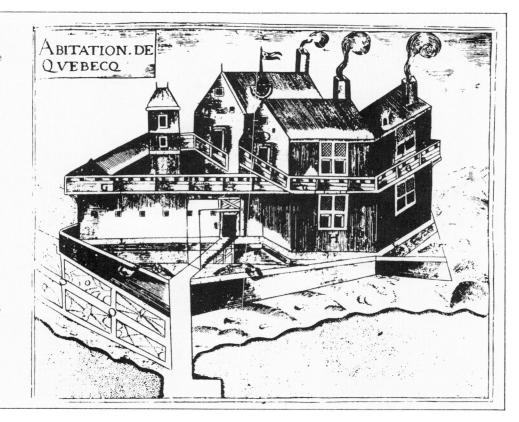

Champlain a passé l'hiver de 1608 dans cette maison, la première habitation de la nouvelle colonie de Québec.

MON PAYS, C'EST L'HIVER . . .

Les explorateurs français ont trouvé l'hiver canadien très difficile. Mais comment est-ce que les Indiens ont passé l'hiver?

Selon Champlain:

En automne, les Indiens font la pêche aux anguilles. En novembre et en décembre, c'est la chasse au castor. Les Indiens portent de bonnes fourrures et quand il neige beaucoup, ils font des raquettes. En janvier, ils chassent des cerfs et d'autres animaux sauvages et ils attendent le printemps avec impatience.

UNE LETTRE DE LA NOUVELLE-FRANCE

le 10 octobre 1699

Mes chers parents,

Il y a un an que nous sommes arrivés dans ce nouveau pays si loin de la France. Le voyage a été long et difficile. Ici, il fait très froid en hiver. Il y a beaucoup d'animaux sauvages. Beaucoup de Français qui sont venus ici sont déjà retournés en France !

Depuis notre arrivée, je pose souvent la même question à mon mari : « Pourquoi est-ce que nous ne sommes pas restés en France ? » Henri répond toujours que le roi a choisi ses meilleurs sujets pour établir cette colonie !

La vie est difficile ici ! Les hommes et les femmes travaillent très dur. Mon mari et moi, nous avons bâti ensemble une grande cabane. Henri a coupé les arbres dans la forêt et moi, j'ai préparé le terrain.

La semaine passée, Henri est parti à la chasse. Il n'est pas encore rentré. À cause des dangers, je suis toujours inquiète.

J'ai une bonne nouvelle pour vous. Vous avez un beau petit-fils ! Il s'appelle Louis ! Notre bébé est né deux mois après notre arrivée ! Nous sommes de vrais Canadiens maintenant ! Je pense souvent à vous, mes chers parents.

Votre fille dévouée,
Madeleine

masculin

un animal (-aux)	*animal*
un bébé	*baby*
un danger	*danger*
un petit-fils	*grandson*
un sujet	*subject*
le terrain	*ground*

féminin

une cabane	*cabin*
une colonie	*colony*
une forêt	*forest*

pronom

qui	*who*

verbes

bâtir	*to build*
couper	*to cut*
établir	*to establish*
naître	*to be born*
partir	*to leave*
venir	*to come*

adjectifs

dévoué, dévouée	*devoted*
inquiet, inquiète	*worried*
meilleur, meilleure	*best*
passé, passée	*last, past*
sauvage	*savage, wild*

adverbes

dur	*hard*
encore	*yet; again*

prépositions

à cause de	*because of*
depuis	*since*

expressions

il y a un an que . .	*one year ago, . . .*
partir à la chasse	*to go hunting*

162

A Vrai ou faux?

1. Tous les Français qui sont venus au Canada sont restés.
2. Madeleine et son mari ont travaillé dur.
3. Ils ont bâti un grand canot.
4. La semaine passée, Henri est parti à la chasse.
5. Leur bébé est né dix mois après leur arrivée.

B Complétez

1. Il y a un . . . que Madeleine est arrivée au Canada.
2. Le voyage a été . . . et . . . .
3. Il y a beaucoup d'animaux . . . dans le pays.
4. Pour bâtir la cabane, Henri a . . . des arbres dans la . . . .
5. Quand son mari n'est pas là, Madeleine est toujours . . . .

SAVIEZ-VOUS?

En français, le mot *plume* veut dire *stylo à encre*. Pourquoi?

Dans le passé, nos ancêtres ont écrit avec de vraies plumes d'oiseaux!

LE PASSÉ COMPOSÉ DES VERBES AVEC *ÊTRE*

The passé composé *of certain French verbs is made up of the present tense form of the verb* être *and the* participe passé *of the main verb.*

LE PASSÉ COMPOSÉ DES VERBES EN *-ER*

modèle: arriver *(to arrive)*

je suis arrivé(e)*	nous sommes arrivé(e)s
tu es arrivé(e)	vous êtes arrivé(e)(s)
il est arrivé	ils sont arrivés
elle est arrivée	elles sont arrivées

*I arrived, I have arrived, I did arrive

l'infinitif	le participe passé
-er	→ -é
arriver	→ arrivé
rentrer	→ rentré
rester	→ resté
retourner	→ retourné

Exemples
    Nous sommes arrivés à deux heures.
    Il n'est pas rentré à l'heure.
    Est-elle retournée en retard?

The verb aller *follows this same pattern:* Je suis allé à Ottawa.
    Elle est allée en vacances.

LE PARTICIPE PASSÉ

Il est arrivé.	Ils sont arrivés.
Elle est arrivée.	Elles sont arrivées.

All forms of the participe passé *sound the same, but the written form changes according to the subject, just like a regular adjective.*

Exemples
    Jean est rentré très tard.
    Anne est restée à la maison.
    Jean et Guy sont allés en ville.
    Lise et Anne sont retournées plus tard.

    Tu es allé au cinéma, Guy?
    Tu es rentrée seule, Anne?
    Vous êtes arrivé trop tard, monsieur!
    Vous êtes arrivés ensemble, les enfants?

MINI-DIALOGUE: La ponctualité

> —Quand es-tu arrivé au restaurant?
> —À huit heures.
> —Alors, tu es arrivé à l'heure?
> —Comme toujours!

1. aller au match   2. retourner à Toronto

3. rentrer à la maison

MINI-DIALOGUE: En vacances

> —Est-ce que Paul est resté à Montréal
> pendant les vacances?
> —Non, il est allé à Toronto.
> —Comment?
> —Il a pris le train.

1. Gisèle
   Ottawa
   l'avion

2. les Simard
   Trois-Pistoles
   le bateau

3. Anne et Lise
   Vancouver
   l'autobus

4. René et son frère
   Banff
   l'auto

A C'est toi, le détective!

Complétez les phrases avec *il, elle, ils* ou *elles*
et le verbe *être*.

1. . . . resté chez un copain.
2. . . . rentrés tard.
3. . . . arrivés en retard.
4. . . . allées au centre d'achats.
5. . . . retournés vers minuit.
6. . . . allée à Halifax.
7. . . . arrivées en avion.
8. . . . rentré après le dîner.

B Où sont-ils allés hier soir?

1. André aime les films, alors . . .
   il est allé au cinéma.

2. Adèle aime les sports, alors . . .

3. Monique aime les livres, alors . . .

4. Nous aimons les pizzas, alors . . .

5. Les Ferland aiment les soldes, alors . . .

6. Lise et Guy aiment les disques, alors . . .

7. J'aime les hamburgers, alors . . .

C Le journal de Pierre

Pierre parle de son voyage à Ottawa.
Complétez les phrases avec *j'ai*
ou *je suis*.

1. . . . arrivé le 5 août.
2. . . . resté dans un hôtel.
3. . . . visité les bâtiments du Parlement.
4. . . . téléphoné à des amis.
5. . . . allé au Château Laurier.
6. . . . pris l'autobus.
7. . . . retourné à l'hôtel.
8. . . . rentré chez moi le 10 août.

D Tête-à-tête: Tu es curieux!

*Your French pen pal has just returned from
a trip. How would you ask her . . .*

1. . . . *where she went?*
2. . . . *whether she travelled alone?*
3. . . . *whether she travelled by car?*
4. . . . *when she arrived?*
5. . . . *what she did?*
6. . . . *whether she bought any souvenirs?*
7. . . . *where she stayed?*
8. . . . *when she got back?*

LE PASSÉ COMPOSÉ DU VERBE *PARTIR*

l'infinitif: partir *(to leave)*
le participe passé: parti *(left)*

je suis parti(e)*	nous sommes parti(e)s
tu es parti(e)	vous êtes parti(e)(s)
il est parti	ils sont partis
elle est partie	elles sont parties

*I left, I have left, I did leave

Exemples

Il est parti vers une heure.
Louise n'est pas partie.
À quelle heure sont-ils partis?

MINI-DIALOGUE: En route!

—Est-ce que Jeanne est là?
—Non, elle est allée à sa leçon
  de piano.
—Quand est-ce qu'elle est partie?
—Après le dîner.

1. René
   sa leçon de guitare
   à midi

2. Micheline
   sa leçon de karaté
   avant le déjeuner

3. Roger et Sophie
   la pharmacie
   vers trois heures

4. Lise et Hélène
   la bibliothèque
   il y a deux heures

A Les départs

Quand est-ce que tout le monde est parti?

1. Les Vachon sont allés à Montréal.
   Ils sont partis à cinq heures.

2. Les Dupré sont allés à Edmonton.

3. Lisette est allée à Victoria.

4. Guy est allé à Québec.

5. M. et Mme Lebel sont allés à Sydney.

6. Mme Dubé et sa fille sont allées à Winnipeg.

7. Pierre et Louis Laval sont allés à Windsor.

DÉPARTS

destination	heure
MONTRÉAL	05 : 00
QUÉBEC	01 : 30
VICTORIA	02 : 15
SYDNEY	04 : 10
WINDSOR	03 : 40
WINNIPEG	10 : 50
EDMONTON	12 : 05

B La journée de Denise et Pierre

Qu'est-ce que Denise et Pierre ont fait hier?

1. D'abord, Denise . . .

3. Après, . . .

4. Plus tard, . .

6. À deux heures, . . .

Regardez les images et complétez l'histoire!

. Puis, . . .

5. Alors, . . .

7. Enfin, . . .

LE PASSÉ COMPOSÉ DU VERBE *NAÎTRE*

l'infinitif: naître *(to be born)*
le participe passé: né *(born)*

je suis né(e)*	nous sommes né(e)s
tu es né(e)	vous êtes né(e)(s)
il est né	ils sont nés
elle est née	elles sont nées

*I was born.

Exemples   Je suis né à Regina.
Elle n'est pas née ici.
Où es-tu né?

LE PASSÉ COMPOSÉ DU VERBE *VENIR*

l'infinitif: venir *(to come)*
le participe passé: venu *(came)*

je suis venu(e)*	nous sommes venu(e)s
tu es venu(e)	vous êtes venu(e)(s)
il est venu	ils sont venus
elle est venue	elles sont venues

*I came, I have come, I did come

Exemples   Je suis venu en taxi.
Quand sont-ils venus ici?
Elle n'est jamais venue chez moi.

MINI-DIALOGUE: Les origines

—Est-ce que Gisèle a toujours habité ici?
—Non, elle est née à Regina!
—Quand est-ce qu'elle est venue ici?
—Il y a deux ans!

1. Roger	2. Monique	3. Anne et Paul
Hamilton	Sherbrooke	Thunder Bay
cinq ans	un an	six mois

167

A Une lettre à Caroline

Complétez la lettre de Gérard au passé composé.

le 21 juin

Chère Caroline,

Il y a deux mois que nous (arriver) ici. Depuis mon arrivée, je (rencontrer) beaucoup de copains. Ils sont tous très sympa. Hier, il (faire beau) toute la journée, alors nous (aller) à la piscine municipale ensemble.

Le week-end passé, mes deux frères (partir) pour Montréal avec papa. Moi, je (rester) ici parce que je (trouver) un job le samedi dans un magasin de sports! Mes frères (rentrer) hier soir et ils (rapporter) beaucoup de souvenirs!

La semaine passée, je (préparer) mon emploi du temps pour septembre. Est-ce que tu (choisir) tes matières déjà? Moi, j'attends les vacances avec impatience!

Eh bien, mon amie, c'est l'heure du dîner. Je pense souvent à toi et à tous mes copains là-bas.

Ton ami,
Gérard

B Un peu d'histoire!

Complétez au passé composé, s'il vous plaît!

Le Canada en 1699

Les Français (arriver) ici après un voyage long et difficile. Ce pays froid et vaste (surprendre) ses nouveaux habitants.

Beaucoup de Français (retourner) en France. Les autres (réussir) à établir une belle colonie pour la France. Ils (travailler) très dur. Ils (bâtir) des cabanes et ils (aller) à la chasse pour avoir de la nourriture et des fourrures. Un peu plus tard, les Français (établir) des églises et des écoles.

Beaucoup de petits Canadiens (naître) et d'autres Français (venir) au Canada. Les Français qui (rester) dans ce pays (commencer) une nouvelle vie!

C Questions personnelles

1. C'est quand, ton anniversaire?
   Quel âge as-tu?

2. Est-ce que tu es né(e) au Canada?
   Où?

3. Est-ce que tes parents sont nés
   au Canada? Où?

4. Est-ce que tu as travaillé l'été
   passé? Où?

5. Qu'est-ce que tu as fait pendant tes
   vacances?

6. As-tu traversé l'océan en bateau?
   en avion? Quand?

7. As-tu fait de longs voyages? Où?
   Quand?

8. As-tu des livres d'histoire chez toi?

9. Est-ce que tu as étudié l'histoire du
   Canada?

10. Qu'est-ce que tu as appris dans
    cette unité de *Vive le français?*

La statue d'Évangéline, héroïne de
l'exil acadien, au parc Grand-Pré, près
de Wolfville en Nouvelle-Écosse.

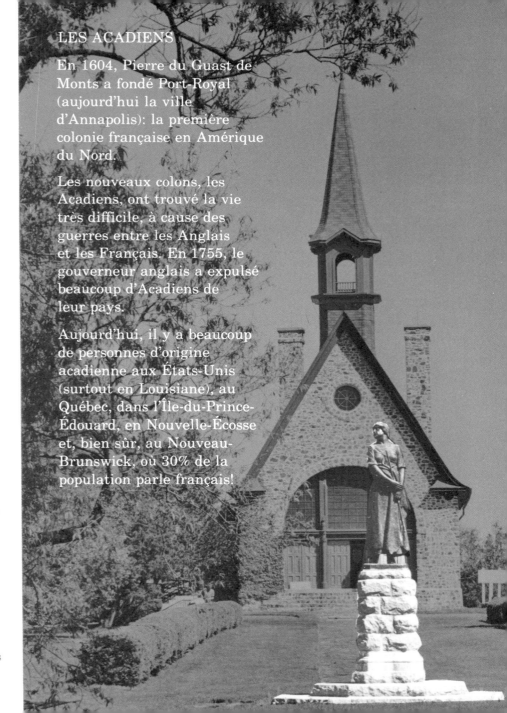

LES ACADIENS

En 1604, Pierre du Guast de
Monts a fondé Port-Royal
(aujourd'hui la ville
d'Annapolis): la première
colonie française en Amérique
du Nord.

Les nouveaux colons, les
Acadiens, ont trouvé la vie
très difficile, à cause des
guerres entre les Anglais
et les Français. En 1755, le
gouverneur anglais a expulsé
beaucoup d'Acadiens de
leur pays.

Aujourd'hui, il y a beaucoup
de personnes d'origine
acadienne aux États-Unis
(surtout en Louisiane), au
Québec, dans l'Île-du-Prince-
Édouard, en Nouvelle-Écosse
et, bien sûr, au Nouveau-
Brunswick, où 30% de la
population parle français!

A Faites des phrases!

Utilisez le passé composé. Il y a beaucoup de possibilités.

1. Jacques Cartier	bâtir	des arbres
2. Les nouveaux habitants	traverser	une cabane
3. Les Français	explorer	en canot
4. Le mari de Madeleine	couper	l'océan
5. Madeleine et Henri	voyager	un nouveau pays
6. Les Indiens	aller	à la chasse

B Qu'est-ce que c'est?

1. Un canot est un petit . . .
2. Un chien est un . . .
3. Le Canada est un . . .
4. Une cabane est une petite . . .
5. Le français est une . . .
6. Les Iroquois sont des . . .

C Le participe passé, S. V. P!

1. téléphoner
2. choisir
3. répondre
4. venir
5. faire
6. finir
7. aller
8. partir
9. naître
10. être
11. vendre
12. prendre
13. expliquer
14. avoir
15. surprendre

D Avoir ou être?

Choisis bien!

1. Tu . . . acheté une nouvelle robe?
2. Nous . . . fini notre dîner.
3. Il . . . perdu sa moto.
4. Je . . . allé au centre d'achats.
5. Quand . . . -tu voyagé à Toronto?
6. Elle . . . répondu à la porte.
7. Où . . . -ils restés?
8. Vous . . . rentrés à l'heure!

E Quel verbe? Quelle forme?

faire, prendre, avoir, être, naître, venir, apprendre, comprendre

1. Qu'est-ce que tu as . . . hier?
2. Il a . . . l'autobus avec Lise.
3. J'ai . . . rendez-vous chez le dentiste!
4. Ils n'ont jamais . . . malades.
5. Où est-elle . . . ?
6. Quand sont-elles . . . chez toi?
7. Pourquoi as-tu . . . cette langue?
8. Nous n'avons pas . . . la réponse.

F Du présent au passé

Complétez les phrases au passé composé.

1. J'achète mes vêtements chez Eaton. Hier, j'ai acheté cette chemise.
2. Les classes finissent à trois heures. Hier, . . . à deux heures et demie.
3. J'arrive souvent en retard. Ce matin, . . . à l'heure!
4. Normalement, Marie prend l'autobus. Hier, . . . le métro.
5. Elles font souvent du ski. Le week-end passé, . . . du ski à Banff.
6. Je vais souvent au cinéma. Hier, . . . au cinéma avec tous mes copains!

G Quel verbe? Quelle forme?

1. J'ai (téléphoner/perdre) chez toi hier soir, mais tu n'as pas (répondre/trouver).

2. J'ai (être/avoir) chez le docteur cet après-midi. J'ai (traverser/laisser) mon livre dans son bureau!

3. Tu as (bâtir/regarder) la télé hier soir? Non, je suis (chanter/aller) chez mes grands-parents.

4. Tu as (partir/perdre) ton billet d'autobus? Oui, je suis (venir/attendre) à pied!

5. J'ai (expliquer/réfléchir) pendant une heure, mais enfin j'ai (choisir/réussir) trois bons livres à la bibliothèque.

6. Jean a (manger/surprendre) tout le monde! Il est déjà (partir/finir) pour sa leçon de piano!

7. Mon père est (durer/retourner) samedi d'un voyage en Europe. Il a (explorer/rapporter) des cadeaux pour toute la famille!

8. J'ai (couper/avoir) de très bonnes notes en français aujourd'hui. Je n'ai jamais (perdre/être) si content!

H Au singulier et au pluriel, S.V.P!

Tu es allé à Sudbury? —→ Vous êtes allés à Sudbury?
Nous sommes allés en ville. —→ Je suis allé en ville.

1. Je suis venu en juin.
2. Ils sont nés à Calgary.
3. Vous êtes arrivés trop tard.
4. Nous sommes partis en vacances.
5. Tu es restée chez Alain?
6. Elle est allée au restaurant.

I Les anniversaires

Quand est-ce qu'ils sont nés?

1. Jules: 30/3
   Il est né le trente mars.
2. Yvette: 16/9
3. M. Boudreau: 6/6
4. Mme Gendron: 26/11
5. Guy et Lise: 1/1
6. Anne et Marie: 31/7
7. Et toi?

J À la négative, s'il vous plaît!

1. Tu as réussi à l'école cette année!
2. Il a perdu son dictionnaire.
3. Nous sommes retournés en retard.
4. Vous êtes venu après les classes.
5. Elles ont pris le train.
6. J'ai trouvé de l'argent dans la rue.

K En français, s'il vous plaît!

1. *Did you lose something?*
2. *Good morning, my dear!*
3. *I've looked everywhere!*
4. *I finished two hours ago!*
5. *Did you eat before leaving?*
6. *We went to his place yesterday!*
7. *She's one of my best friends!*
8. *I've waited for two hours!*

Cherchez dans la liste!

J'ai cherché partout!
As-tu mangé avant de partir?
C'est une de mes meilleures amies!
As-tu perdu quelque chose?
Bonjour, ma chérie!
J'ai attendu deux heures!
Nous sommes allés chez lui hier!
J'ai fini il y a deux heures!

GRAMMAIRE

1 LES ADJECTIFS (pages 49, 61, 62, 74, 106, 118)

singulier		pluriel	
masculin	**féminin**	**masculin**	**féminin**
• blond	blonde	blonds	blondes
• brun	brune	bruns	brunes
• occupé	occupée	occupés	occupées
■ aimable	aimable	aimables	aimables
♦ beau (bel*)	belle	beaux	belles
blanc	blanche	blancs	blanches
♦ bon	bonne	bons	bonnes
canadien	canadienne	canadiens	canadiennes
♦ ce (cet*)	cette	ces	ces
♦ cher	chère	chers	chères
ennuyeux	ennuyeuse	ennuyeux	ennuyeuses
favori	favorite	favoris	favorites
fou	folle	fous	folles
♦ gros	grosse	gros	grosses
indien	indienne	indiens	indiennes
inquiet	inquiète	inquiets	inquiètes
♦ long	longue	longs	longues
♦ nouveau (nouvel*)	nouvelle	nouveaux	nouvelles
♦ premier	première	premiers	premières
♦ quel	quelle	quels	quelles
tout	toute	tous	toutes
violet	violette	violets	violettes

The form of an adjective depends on the noun it describes (masculine or feminine, singular or plural).

- • *Most French adjectives follow this pattern.*
- ■ *Except for ce, adjectives ending in "e" follow this pattern.*
- ♦ *These adjectives precede the noun:* un beau jardin, une bonne idée, un gros chien.

Other adjectives which precede the noun include:
grand, petit, jeune, joli, dernier, mauvais, autre

Use de (d' *before a vowel sound*) *instead of* des, *with adjectives which precede plural nouns:*
Il a de mauvaises notes. Elle a d'autres amis.

**Before a masculine noun beginning with a vowel sound:*
un bel homme, cet avion, un nouvel élève

2 LES ADJECTIFS POSSESSIFS

singulier		pluriel
masculin	**féminin**	**masc. ou fém.**
mon père	ma mère	mes parents
ton père	ta mère	tes parents
son père	sa mère	ses parents
notre père	notre mère	nos parents
votre père	votre mère	vos parents
leur père	leur mère	leurs parents

 Devant une voyelle: mon école, ton auto, son amie, mon horloge, etc.

3 LES ADVERBES (page 93)

adjectifs	adverbes
facile, facile ——————→	facilement
normal, normale ——————→	normalement
naturel, naturelle ——————→	naturellement

Adverbs which do not end in -ment:
J'aime beaucoup les sports.
Il parle trop.
Elle est très belle.
Il mange trop vite.

4 L'ARTICLE INDÉFINI

	singulier	pluriel
masculin	un garçon	des garçons
féminin	une fille	des filles

5 L'ARTICLE DÉFINI

	singulier	pluriel
masculin	le disque	les disques
	l'élève	les élèves
féminin	la voiture	les voitures
	l'auto	les autos

6 L'ARTICLE PARTITIF

masculin	féminin
Voici du gâteau.	Voici de la glace.
Voici de l'argent.	Voici de l'eau.

7 LES EXPRESSIONS DE QUANTITÉ (page 43)

J'ai assez d'argent.
Il fait peu de sport.
Elle a trop de devoirs.
J'ai beaucoup d'amis.
Combien de frères as-tu?
Un verre de lait, S.V.P!
Avez-vous un litre de lait?
Tu as une paire de jeans?

Expressions of quantity contain de (d')
when followed by a noun.

8 LA NÉGATION (page 106)

phrases affirmatives	phrases négatives
Je suis en retard. ⟶	Je ne suis pas en retard.
C'est une Corvette. ⟶	Ce n'est pas une Corvette.
C'est du gâteau. ⟶	Ce n'est pas du gâteau.
Il a une moto. ⟶	Il n'a pas de moto.
Il y a du gâteau. ⟶	Il n'y a pas de gâteau.
Il finit toujours à l'heure. ⟶	Il ne finit jamais à l'heure.
Il a de l'argent. ⟶	Il n'a jamais d'argent.

 In a negative sentence, de (d') *is used instead of* un, une, du, de la, de l' *or* des, *except with the verb* être.

9 LES PRONOMS

M. Lambert est de Montréal. ⟶ Il est de Montréal.
Marie a deux frères. ⟶ Elle a deux frères.
Paul et Marc sont ici. ⟶ Ils sont ici.
Où sont Lise et Claire? ⟶ Où sont-elles?
Bill, Lise et Anne sont là! ⟶ Ils sont là!
Où est mon stylo? ⟶ Il est sur le pupitre.
Où est leur voiture? ⟶ Elle est dans le garage.
Tu parles français? ⟶ Oui, je parle français!
Vous habitez ici, madame? ⟶ Non, j'habite à Paris.
Paul et Marie, vous écoutez? ⟶ Oui, nous écoutons!

10 LA POSSESSION

A *with proper names*

Voilà la moto de Marc.
Où est le cahier d'Anne?

B *with nouns*

C'est la moto du garçon.
Voici la mère de la jeune fille.
C'est le test de l'élève.
Voilà la cafétéria des élèves.

11 LA PRÉPOSITION À

Je téléphone à Paul.
Il va au cinéma.
Mon père est au bureau.
Il parle à la directrice.
Ils arrivent à l'école.
Le professeur répond aux élèves.

 à + le → au
à + les → aux

12 LES QUESTIONS (pages 10, 23)

A **l'intonation:** Tu as un chien?
C'est une moto?
Il va au cinéma?

B **est-ce que:** Est-ce que tu as un chien?
Est-ce que c'est une moto?
Est-ce qu'il va au cinéma?

C **l'inversion:** As-tu un chien?
Est-ce une moto?
Va-t-il au cinéma?

13 LES VERBES (AU PRÉSENT)

parler	**finir** (page 106)	**vendre** (page 118)
je parle	je finis	je vends
tu parles	tu finis	tu vends
il parle	il finit	il vend
elle parle	elle finit	elle vend
nous parlons	nous finissons	nous vendons
vous parlez	vous finissez	vous vendez
ils parlent	ils finissent	ils vendent
elles parlent	elles finissent	elles vendent

STOP
commencer nous commençons
manger nous mangeons **ranger** nous rangeons
nager nous nageons **voyager** nous voyageons

STOP
acheter j'achète nous achetons
(p. 74) tu achètes vous achetez
il achète ils achètent
elle achète elles achètent

STOP
préférer je préfère nous préférons
(p. 93) tu préfères vous préférez
il préfère ils préfèrent
elle préfère elles préfèrent

aller	**avoir**	**être**	**faire**	**prendre** (p. 23)
je vais	j'ai	je suis	je fais	je prends
tu vas	tu as	tu es	tu fais	tu prends
il va	il a	il est	il fait	il prend
elle va	elle a	elle est	elle fait	elle prend
nous allons	nous avons	nous sommes	nous faisons	nous prenons
vous allez	vous avez	vous êtes	vous faites	vous prenez
ils vont	ils ont	ils sont	ils font	ils prennent
elles vont	elles ont	elles sont	elles font	elles prennent

14 LES VERBES (AU PASSÉ COMPOSÉ)

A avec avoir

parler

j'ai	parlé	nous avons	parlé
tu as	parlé	vous avez	parlé
il a	parlé	ils ont	parlé
elle a	parlé	elles ont	parlé

les participes passés

avoir ⟶ eu
être ⟶ été
faire ⟶ fait
finir ⟶ fini
parler ⟶ parlé
prendre → pris
vendre ⟶ vendu

> Apprendre, comprendre *and* surprendre *follow the pattern of* prendre.
> Attendre, répondre, dépendre *and* perdre *follow the pattern of* vendre.

B avec être

arriver

je suis	arrivé(e)	nous sommes	arrivé(e)s
tu es	arrivé(e)	vous êtes	arrivé(e)(s)
il est	arrivé	ils sont	arrivés
elle est	arrivée	elles sont	arrivées

les participes passés*

aller ⟶ allé
arriver → arrivé
naître ⟶ né
partir ⟶ parti
venir ⟶ venu

> Rentrer, rester *and* retourner *follow the pattern of* arriver.
>
> **The written form of the* participe passé *changes according to the subject, just like a regular adjective, e.g.*
> Marie, tu es allée au cinéma?

15 LES NOMBRES (*page 22*)

1	un (une)		
2	deux	41	quarante et un
3	trois	42	quarante-deux
4	quatre	51	cinquante et un
5	cinq	52	cinquante-deux
6	six	61	soixante et un
7	sept	62	soixante-deux
8	huit	71	soixante et onze
9	neuf	72	soixante-douze
10	dix	80	quatre-vingts
11	onze	81	quatre-vingt-un
12	douze	82	quatre-vingt-deux
13	treize	90	quatre-vingt-dix
14	quatorze	91	quatre-vingt-onze
15	quinze	92	quatre-vingt-douze
16	seize	100	cent
17	dix-sept	101	cent un
18	dix-huit	102	cent deux
19	dix-neuf	111	cent onze
20	vingt	200	deux cents
21	vingt et un	201	deux cent un
22	vingt-deux	1000	mille
31	trente et un	1001	mille un
32	trente-deux	2000	deux mille

A

à to; at; in; **à bicyclette** on (by) bicycle; **à bientôt!** see you soon!

à cause de because of; **à côté de** beside, next to; **à demain!** see you tomorrow! **à haute voix** out loud; **à la main** in one's hand; **à la maison** at home; **à la télé** on TV; **à mon avis** in my opinion; **à pied** on foot; **à temps partiel** part-time

abandonné(e) abandoned

abréviation *f.* abbreviation

Acadie *f.* Acadia

acadien, acadienne Acadian

accent *m.* accent, mark; **accent aigu (é); accent circonflexe (ê); accent grave (è)**

accuser to accuse

acheter to buy

acteur *m.* actor

actrice *f.* actress

activité *f.* activity

adjectif *m.* adjective; **adjectif possessif** possessive adjective

adorer to adore, to love

adresse *f.* address

aéroport *m.* airport

affaires *f. pl.* business, dealings, transactions

âge *m.* age; **quel âge as-tu?** how old are you?

agence *f.* agency; **agence de voyages** travel agency

agent *m.* officer, agent; **agent de police** policeman

agréable kind, likeable

aider to help

aimable nice, kind, likeable

aimer to like; **aimer mieux** to prefer

Algérie *f.* Algeria

allemand *m.* German (language)

allemand(e) German

aller *m.* single (ticket); **aller seulement** one-way only

aller to go; **allons-y!** let's go! **ça va?** how are you? how's it going? **on y va?** shall we go? (do you) want to go? **vas-y!** go ahead! **aller au lit** to go to bed; **aller à la chasse** to go hunting

allô! hello! (on the phone)

alors so, well, then

alphabet *m.* alphabet

américain(e) American

Amérique *f.* America; **Amérique du Nord** North America

ami *m.* friend (boy)

amie *f.* friend (girl)

an *m.* year; **j'ai quinze ans** I'm fifteen (years old)

ancien, ancienne old; former; **l'ancien hôtel de ville** the old (former) City Hall

anglais *m.* English (language)

Anglais(e) *m.* or *f.* English person

anglais(e) English

angle *m.* angle

anguille *f.* eel

animal(-aux) *m.* animal

année *f.* year; **toute l'année** all year long; **l'année passée** last year

anniversaire *m.* birthday; **bon**

anniversaire! happy birthday!

annonce *f.* announcement; **petites annonces** want ads

annoncer to announce

annonceur *m.* announcer

anse *f.* cove, inlet

août *m.* August

appareils ménagers *m.pl.* household appliances

appartement *m.* apartment

appeler to call, to name

s'appeler to be called; **comment t'appelles-tu?** what's your name? **je m'appelle ...** my name is ...; **il (elle) s'appelle ...** his(her) name is ...; **ils/elles s'appellent ...** their names are ...

appétit *m.* appetite; **bon appétit!** enjoy your meal! **quel appétit!** what an appetite!

apporter to bring

apprendre to learn; to teach

approximatif, approximative approximate, rough

après after; **après les classes** after school; **après tout** after all

après-midi *m.* afternoon

arabe *m.* Arabic (language)

arbre *m.* tree

arène *f.* arena

argent *m.* money; **argent de poche** pocket money

argile *f.* clay; **un morceau d'argile** a piece of clay

arrivée *f.* arrival

arriver to arrive

art *m.* art

article *m.* article; **article défini** definite article; **article indéfini** indefinite article; **article partitif** partitive article

artiste *m.* artist

ascenseur *m.* elevator

aspirine *f.* aspirin

assez rather, quite; enough; **c'est assez!** that's enough! **il est assez grand** he's rather tall; **je n'ai pas assez d'argent** I don't have enough money

assiette *f.* plate

association *f.* association; **les associations** word-association

astronaute *m.* astronaut

athlète *m.* athlete

atlas *m.* atlas

attacher to attach, to stick

attendre to wait for

attention *f.* attention; **faire attention (à)** to listen, pay attention (to)

aujourd'hui today

aussi also, too; **moi aussi** me too

auto(mobile) *f.* car, automobile; **en auto** by car

autobus *m.* bus; **en autobus** by bus

automne *m.* autumn, fall; **en automne** in (the) fall

autoroute *f.* highway

autre other; **d'autres langues** other languages; **les autres** the others

avance *f.* advance; **en avance** early

avant before; **avant la fin** before the end; **avant de partir** before leaving

avec with; **avec impatience** impatiently

avenir *m.* future

aventure *f.* adventure

avenue *f.* avenue

avion *m.* airplane; **en avion** by plane

avoir to have; **quel âge as-tu?** how old are you? **j'ai quinze ans** I am fifteen years old; **avoir besoin de** to need; **avoir chaud** to be hot; **avoir de la chance** to be lucky; **avoir faim** to be hungry; **avoir froid** to be cold; **avoir peur (de)** to be afraid (of); **avoir raison** to be right; **avoir rendez-vous** to have a meeting, to meet; **avoir soif** to be thirsty; **avoir sommeil** to be tired; **avoir tort** to be wrong

avril *m.* April

B

badminton *m.* badminton

bagages *m.pl.* baggage, luggage

balle *f.* ball; **balle de canon** cannonball

banane *f.* banana

banque *f.* bank

base-ball *m.* (the game of) baseball

basket-ball *m.* (the game of) basketball

bateau(-x) *m.* boat; **en bateau** by boat

bâtiment *m.* building; **les bâtiments du Parlement** Parliament Buildings

bâtir to build

beau(bel), belle, beaux beautiful; **un bel homme** a handsome man; **une belle fille** a beautiful girl; **il fait beau** it's nice (weather)

beaucoup very much; a lot; **merci beaucoup** thank you very much; **beaucoup de** many

bébé *m.* baby

Belgique *f.* Belgium

besoin *m.* need; **avoir besoin de** to need

bibliothèque *f.* library; **bibliothèque universitaire** university library

bicyclette *f.* bicycle; **à bicyclette** by bicycle

bien well; **bien sûr!** of course! sure! **ça va bien** I'm fine, things are going well; **eh bien!** well then! **très bien!** very well! very good! **pas très bien** not very well

bienvenue! welcome! **bienvenue à ...!** welcome to ...!

bifteck *m.* steak

bijou(-x) *m.* jewel, gem

bijouterie *f.* jewellery

bikini *m.* bikini

billet *m.* ticket

biscuit *m.* cookie, biscuit

blanc, blanche white

bleu(e) blue; **fromage bleu** blue cheese

blond(e) blond; **il a les cheveux blonds** he has blond hair

blouse *f.* blouse

bois *m.* wood

boisson f. drink

boîte f. box; can; **boîte de céréales** box of cereal; **boîte de tomates** can of tomatoes

bon, bonne good; right, correct; **bon anniversaire! bonne fête!** happy birthday! **bon appétit!** enjoy your meal! **bonne chance!** good luck! **bon voyage!** have a good trip! **bonne nuit!** good night! **la bonne réponse** the right answer

bonbon m. candy

bonjour! hello!

bouche f. mouth

boucherie f. butcher shop

bougie f. candle

boulangerie f. bakery

bouledogue m. English bulldog

bouteille f. bottle; **une bouteille de lait** a bottle of milk

bravo! bravo! hooray!

brouillard m. fog

brun(e) brown, brunette; **elle a les cheveux bruns** she has brown hair; **il a les yeux bruns** he has brown eyes

bureau(-x) m. desk; office; **au bureau** at (to) the office

but m. goal; **marquer un but** to score a goal

C

ça it; that; **ça dépend** that depends; **comme ça** thus, in this way; **(comment) ça va?** how are you? **ça va bien** I'm fine; things are going well; **comme ci, comme ça** so-so

cabane f. cabin

cacher to hide;

cadeau(-x) m. gift, present

cadran m. dial; **cadran solaire** sundial

café m. coffee

cafétéria f. cafeteria

cahier m. notebook

calculatrice f. calculator

calculs m.pl. calculations

calèche f. (horse-drawn) carriage

camionnette f. van, small truck

Canada m. Canada; **au Canada** in(to) Canada

Canadien m. Canadian person

canadien, canadienne Canadian

Canadienne f. Canadian person

canal m. TV channel

canette f. ❀ can; **canette de bière** can of beer

caniche m. French poodle

canot m. canoe; **en canot** by canoe

canotage m. canoeing

capitaine m. captain

capitale f. capital

cardinaux: points cardinaux points of the compass

carotte f. carrot

carré m. square

carte f. map; card; **carte d'anniversaire** birthday card; **carte d'identité** identity card; **carte postale** postcard

carton m. cardboard; **carton ondulé** corrugated cardboard

cassé(e) broken

casser to break

casserole f. saucepan

casse-tête m. puzzle

castor m. beaver

catégorie f. category, group

cause f. cause; **à cause de** because of

ce(cet), cette, ces it; this; that; **c'est ça!** that's right! **c'est combien?** how much is that? how much are they? **c'est dommage!** that's too bad! **c'est faux!** that's wrong! **c'est quand?** when is it? **c'est vrai!** that's right! **ce soir** this evening, tonight; **n'est-ce pas?** isn't it so? **qui est-ce?** who is it? who is that?

cédille f. cedilla (ç)

cela that; **comme cela** thus, in this way; **cela dépend** that depends

célèbre famous

cent m. cent

cent one hundred; **deux cents** two hundred; **deux cent vingt** two hundred and twenty; **cent un** a hundred and one

centre m. centre; **centre culturel** cultural centre; **centre d'achats** shopping centre; **Centre des Sciences** Science Centre; **centre d'information touristique** tourist information centre

cérémonie f. ceremony

cerf m. deer

certain(e) certain

chaise f. chair

chambre f. room; **chambre à**

coucher bedroom

championnat *m.* championship

chance *f.* luck; **avoir de la chance** to be lucky; **bonne chance!** good luck!

chandail *m.* sweater

changer to change

chanter to sing

chanteur *m.* singer

chanteuse *f.* singer

chaque each, every

chasse *f.* hunting; **aller (partir) à la chasse** to go hunting

chat *m.* cat

château(-x) *m.* castle

chaud(e) hot; **il fait chaud** it's hot (weather); **avoir chaud** to be hot

chaussette *f.* sock

chaussures *f. pl.* footwear, shoes

chef *m.* chief, leader

chemise *f.* shirt

cher, chère expensive; dear; **Cher Paul,** Dear Paul; **Chère Marie,** Dear Marie

chercher to look for

chéri(e) dear, sweetheart

cheveux *m.pl.* hair; **elle a les cheveux bruns** she has brown hair

chez: chez lui at (to) his house; **je vais chez moi** I'm going home

chien *m.* dog

Chine *f.* China

chinois *m.* Chinese (language)

chinois(e) Chinese

chocolat *m.* chocolate; **une boîte de chocolats** a box of chocolates

choisir to choose; **choisis bien!** make the correct choice!

choix *m.* choice; **un bon choix** a good choice

chose *f.* thing; **quelque chose** something

chute *f.* waterfall; **chutes du Niagara** Niagara Falls

cinéma *m.* movie theatre

cinquième fifth

ciseaux *m.pl.* scissors

classe *f.* class; **après les classes** after school; **en classe** in class

club *m.* club

coin *m.* corner

collection *f.* collection

collectionner to collect

collège *m.* college

colon *m.* colonist, settler

colonie *f.* colony

combien how much; how many; **c'est combien?** how much is that? how much are they? **combien font deux et deux?** how much are two and two? **combien d'argent as-tu?** how much money have you got? **combien d'élèves y a-t-il?** how many students are there?

comédie *f.* comedy

comique funny

comme like; as; **comme ça (cela)** thus, in this way; **comme ci, comme ça** so-so; **comme d'habitude** as usual; **comme toujours** as always; **qu'est-ce que c'est comme ...?** what kind of ... is that?

commencement *m.* beginning

commencer to start, to begin

comment how; **comment?** how? pardon? **comment ça?** how come? why is that? **comment dit-on ... en français?** how do you say ... in French? **comment est ...?** what is ... like? **comment t'appelles-tu?/comment vous appelez-vous?** what is your name? **comment trouves-tu ...?** what do you think of ...?

compagnie *f.* company

compas *m.* compass

compléter to complete, to finish

composition *f.* composition

comprendre to understand

compte *m.* account

compter to count

comté *m.* county

concentré(e) concentrated

concert *m.* concert

conflit *m.* conflict

confortable comfortable

congé *m.* day off; **jour de congé** day off, holiday

content(e) happy, glad, **être content (de)** to be happy (about)

contraire *m.* opposite, contrary; **au contraire!** on the contrary!

contre against

conversation *f.* conversation

copain *m.* friend, pal

copine *f.* friend, pal

cordon *m.* cord; **sans cordon** cordless (battery operated)

correct(e) correct

côté *m.* side; **à côté de** beside, next to

couleur *f.* colour; **de quelle couleur est ...?** what colour is ...?

couloir *m.* hall

coupe *f.* cup (trophy); **coupe Stanley** Stanley cup

couper to cut

cour *f.* schoolyard

court de tennis *m.* tennis court

cousin *m.* cousin

cousine *f.* cousin

coûter to cost

couverture *f.* blanket

crayon *m.* pencil

croix *f.* cross

cuisine *f.* kitchen

cuisinière *f.* stove

curieux, curieuse curious

cyclomoteur *m.* moped, small motorbike

D

d'accord! all right! okay! **être d'accord (avec)** to agree (with)

d'ailleurs besides

dame *f.* lady

danger *m.* danger

dans in; into

danse *f.* dance

date *f.* date; **quelle est la date?** what is the date?

de of; from

décembre *m.* December

découvrir to discover

décris! décrivez! describe

degré *m.* degree; **il fait ... degrés** it's ... degrees (weather)

déjà already

déjeuner *m.* lunch; ❋ breakfast; **petit déjeuner** breakfast

déjeuner to have lunch

demain tomorrow; **à demain!** see you tomorrow!

demander (à) to ask

demi(e) half; **il est midi et demi** it's twelve-thirty; **il est une heure et demie** it's one-thirty

dent *f.* tooth

départ *m.* departure

dépendre (de) to depend (on); **ça (cela) dépend** that depends

dépenser to spend

depuis since; **depuis mon arrivée** since I arrived

dernier, dernière last, final

derrière behind

désert *m.* desert

dessert *m.* dessert

dessin *m.* drawing; art

destination *f.* destination

détester to detest, to hate

deuxième second

devant in front of

devinette *f.* riddle

devoirs *m.pl.* homework

dévoué(e) devoted

d'habitude usually; **comme d'habitude** as usual

dialogue *m.* dialogue, conversation

dictionnaire *m.* dictionary

difficile difficult

dimanche *m.* Sunday

dîner *m.* dinner, supper; ❋ lunch

dîner to dine, to eat dinner

dire to say; **dis donc!** say! tell me! **elle dit bonjour** she says hello

directeur *m.* principal; **sous-directeur** vice-principal

directrice *f.* principal; **sous-directrice** vice-principal

discuter (de) to discuss

disque *m.* record

divisé(e) divided; **divisé en** divided into; **divisé par** divided by

dixième tenth; **au dixième étage** on the tenth floor

docteur *m.* doctor

dollar *m.* dollar

dommage: c'est dommage! that's too bad!

donner (à) to give (to)

douche *f.* shower

douzaine *f.* dozen; **une douzaine de pommes** a dozen apples

drame *m.* drama

drapeau *m.* flag

dur hard

durer to last

E

eau *f.* water; **eau chaude** hot water; **eau froide** cold water

éclair *m.* bolt of lightning; **les éclairs** lightning

éclairage *m.* lighting

école *f.* school; **école élémentaire** elementary school; **école secondaire** secondary school; **école polyvalente** polyvalent school (large secondary school)

écolier *m.* student

écolière *f.* student

écouter to listen (to)

écris! écrivez! write!

éducation *f.* education; **éducation physique** physical education

église *f.* church

eh bien! well then!

électricité *f.* electricity

électrophone *m.* record player

éléphant *m.* elephant

élève *m.* or *f.* pupil, student

élimination *f.* elimination; **élimination des mots** word elimination

élision *f.* elision

embrasser to kiss

émission *f.* program (on TV, radio)

emploi du temps *m.* time-table

employer to use

en in; into; by; **en face de** in front of, facing; **en réalité** really; **en retard** late

encore again; **pas encore!** not again! not yet! **encore un point!** another score! **encore une fois** again

endroit *m.* place; **au même endroit** in the same place

enfant *m.* or *f.* child

enfin at last, finally

ennemi *m.* enemy

ennuyeux, ennuyeuse boring

ensemble together; **tout ensemble** all together

entre between

enveloppe *f.* envelope

envoyer to send

épeler to spell (out loud)

épicerie *f.* grocery store

épidémie *f.* epidemic

équipe *f.* team

équipement *m.* equipment; outfitting

équivalent(e) equivalent, similar

escalier *m.* staircase

espagnol *m.* Spanish (language)

espagnol(e) Spanish

essence *f.* gasoline

est *m.* east

et and; **et toi?/et vous?** and you? how about you?

établir to establish

étage *m.* storey, floor (of a building); **au dixième étage** on the tenth floor

États-Unis *m.pl.* United States

été *m.* summer; **en été** in (the) summer

étrange strange

être to be; **être d'accord (avec)** to agree (with); **être dans la lune** to daydream

étudiant *m.* student

étudiante *f.* student

étudier to study

évidemment evidently, apparently

exemple *m.* example; **par exemple** for example

exister to exist

expédition *f.* expedition

expliquer to explain

explorateur *m.* explorer

explorer to explore

explosion *f.* explosion; **explosion des mots** word explosion

exposition *f.* exhibition

expression *f.* expression, term

expulser to expel, to deport

extrait *m.* extract

F

facile easy

facilement easily

façon *f.* way, manner

facteur *m.* mailman

faim *f.* hunger; **avoir faim** to be hungry

faire to do, to make; **combien font deux et deux?** how much are two and two? **faites des phrases!** create sentences! **il fait ...** it's ... (weather or temperature); **faire attention (à)** to listen, to pay attention (to); **faire la pêche** to fish; **faire du ski** to ski; **faire du sport** to play sports; **faire la vaisselle** to do the dishes

familier, familière familiar, conversational, informal

famille *f.* family

fantastique fantastic, super

fantôme *m.* ghost

fatigué(e) tired

fauché(e) broke (no money)

faux, fausse false, not true; **c'est faux!** that's wrong! **vrai ou faux?** true or false?

favori, favorite favorite

féminin(e) feminine

fenêtre *f.* window

ferme *f.* farm(house)

fête *f.* birthday; celebration; **bonne fête!** happy birthday!

février *m.* February

fille *f.* girl; daughter; **jeune fille** young girl

film *m.* film, movie

fils *m.* son

fin *f.* end; **fin de semaine** ❀ weekend

fini(e) finished, ended; **les vacances sont finies!** the holidays are over!

finir to finish, to end; **tout est bien qui finit bien** all's well that ends well

fleur *f.* flower

fleuve *m.* river

fonder to found, to establish; **fondé(e) par** founded by

football *m.* (the game of) ❀ football or soccer

forêt *f.* forest

forme *f.* form

formidable great, terrific

fou, folle crazy

fourrure *f.* fur

frais *m.pl.* expenses; **frais de voyage** travelling expenses

frais, fraîche fresh, cool; **il fait frais** it's cool (weather)

français *m.* French (language); **en français** in French

Français(e) *m.* or *f.* French person

français(e) French

France *f.* France; **en France** in (to) France

fréquent(e) frequent

frère *m.* brother

frigo *m.* fridge, refrigerator

frites *f.pl.* French fries

froid(e) cold; **il fait froid** it's cold (weather); **avoir froid** to be cold

fromage *m.* cheese

G

gagner to earn; to win

garage *m.* garage

garçon *m.* boy; waiter; **garçon de table** waiter

garder to keep; **garder les enfants** to babysit

gardien de but *m.* goalie

gare *f.* train station

Gaspésie *f.* Gaspé

gâteau(-x) *m.* cake; **gâteau d'anniversaire** birthday cake

général(e) general

généralement generally

géographie *f.* geography

geste *m.* sign, gesture

girafe *f.* giraffe

glace *f.* ice (cream)

golf *m.* golf

gomme *f.* eraser

goûter *m.* snack

gouverneur *m.* governor

grand(e) big, tall; **grand magasin** *m.* department store

grand-mère *f.* grandmother

grand-père *m.* grandfather

grands-parents *m.pl.* grandparents

grandir to grow (up)

grange *f.* barn

gratte-ciel *m.* skyscraper

gratuit(e) free

grec *m.* Greek (language)

grec, grecque Greek

grenier-élévateur *m.* grain elevator

grenouille *f.* frog

gris(e) grey

gros, grosse big, fat

groupe *m.* group

guerre *f.* war

guitare *f.* guitar

gymnase *m.* gym(nasium)

H

habitant *m.* resident, inhabitant

habitation *f.* dwelling-place

habiter to live in (at)

hamburger *m.* hamburger

haut(e) high

hein? eh? **le temps passe vite, hein?** time sure flies, doesn't it?

heure *f.* hour; time; **à l'heure** on time; **quelle heure est-il?** what time is it? **de bonne heure** early; **il est deux heures** it's two o'clock; **il est une heure du matin** it's one o'clock in the morning

hier yesterday

histoire *f.* history; story

hiver *m.* winter; **en hiver** in (the) winter

hockey *m.* hockey; **match de hockey** hockey game

homme *m.* man

horloge *f.* (grandfather) clock; **une horloge de ville** clock tower

hôtel *m.* hotel; **hôtel de ville** city hall

hôtesse *f.* stewardess

huitième eighth

hutte *f.* hut

I

ici here

idée *f.* idea

identifier to identify

identité *f.* identity; **une carte d'identité** identity card

igloo *m.* igloo

île *f.* island

Île du Prince-Édouard Prince Edward Island

il y a there is; there are; **il y a un an que...** one year ago...; **il y a un an** a year ago

illustré(e) illustrated

image *f.* picture

imbécile! (you) dope! dummy!

imiter to imitate

immeuble *m.* (apartment) building

impatience *f.* impatience; **avec impatience** impatiently

important(e) important

indien, indienne Indian

inquiet, inquiète worried

inscription *f.* inscription

instant *m.* moment

intelligence *f.* intelligence

intelligent(e) intelligent

intéressant(e) interesting

intérêt *m.* interest

interprovincial(e) interprovincial; **une visite interprovinciale** a student exchange visit (between provinces)

interview *f.* interview

inventer to create, to invent

invité *m.* guest

inviter to invite

Iroquois(e) *m.* or *f.* Iroquois (person)

iroquois(e) Iroquois

italien *m.* Italian (language)

italien, italienne Italian

J

jamais (ne ... jamais) never; **il ne parle jamais** he never speaks

janvier *m.* January

japonais *m.* Japanese (language)

japonais(e) Japanese

jardin *m.* garden; **jardin d'enfants** Kindergarten; **jardin zoologique** zoo

jaune yellow

jeans *m.pl.* jeans

jeudi *m.* Thursday

jeune *m.* or *f.* young person, teenager

jeune young; **une jeune fille** a young girl

jeunesse *f.* youth, young people

job *m.* or ❀ *f.* job

joli(e) pretty

jouez les rôles! play the roles!

jouet *m.* toy

joueur *m.* player

jour *m.* day; **jour de congé** day off, holiday; **les jours de la semaine** the days of the week; **quel jour est-ce?** what day is it?

journal *m.* newspaper; diary

journée *f.* day(time); **toute la journée** all day (long); **la journée est finie** the day is over

juillet *m.* July

juin *m.* June

jupe *f.* skirt

jus *m.* juice; **jus de fruits** fruit juice; **jus d'orange** orange juice

justement exactly, just so; **justement!** that's just it!

K

kilo(gramme) *m.* kilogram (kg); **un kilo de sucre** a kilogram of sugar

L

là there; **là-bas** over there, down there

laboratoire *m.* laboratory

lac *m.* lake

laisser to leave (behind)

lait *m.* milk

langue *f.* language

leçon *f.* lesson

lendemain *m.* next day
lettre *f.* letter
leur(s) their
liaison *f.* liaison
librairie *f.* bookstore
libre free; **temps libre** *m.* free time, spare time
ligne *f.* line
lion *m.* lion
lis!/lisez! read! **lisons!** let's read!
liste *f.* list
lit *m.* bed; **aller au lit** to go to bed
litre *m.* litre (L); **un litre d'orangeade** a litre of orangeade
livre *m.* book; **livre de poche** pocket book, paperback
loin far; **loin de** far from
loisirs *m. pl.* leisure activities, pastimes
long, longue long
Louisiane *f.* Louisiana
lundi *m.* Monday
lune *f.* moon; **être dans la lune** to daydream
Luxembourg *m.* Luxembourg

M

M. (monsieur) Mr.
ma my
machine *f.* machine; **machine à laver** washing machine; **machine à laver la vaisselle** dishwasher
madame Mrs.
mademoiselle Miss
magasin *m.* store; **magasin de disques** record store; **grand**

magasin department store
magnétophone *m.* tape recorder
magnifique wonderful, great, magnificent
mai *m.* May
maintenant now
mais but; **mais oui!** why yes!
maison *f.* house; **maison de campagne** country house; **maison en pierre** stone house
malade sick, ill
maman *f.* mom
manger to eat
manière *f.* manner, way
manteau(-x) *m.* overcoat
manuel *m.* text; **manuel scolaire** school textbook
marcher to work, to function; **ça ne marche pas!** it doesn't work!
mardi *m.* Tuesday
mari *m.* husband
Maroc *m.* Morocco
marquer to score; **marquer un but** to score a goal
mars *m.* March
masculin(e) masculine
masque *m.* mask
match *m.* game; **match de hockey** hockey game; **c'est match nul!** it's a tie game!
matelas *m.* mattress
maternelle *f.* nursery school; Kindergarten
mathématiques *f.pl.* mathematics
maths *f.pl.* mathematics
matière *f.* (school) subject; **table des**

matières table of contents
matin *m.* morning; **lundi matin** (on) Monday morning; **tous les matins** every morning
mauvais(e) bad; **mauvaises notes** bad marks (at school); **il fait mauvais** it's bad (weather)
maximum *m.* maximum
meilleur(e) better; best
membre *m.* member
même same; **au même endroit** in the same place; **quand même** anyway, all the same
mémoire *f.* memory
menu *m.* menu
mer *f.* sea
merci thank you; **merci beaucoup** thank you very much; **merci de...** thank you for...
mercredi *m.* Wednesday
mère *f.* mother
mes my
métro *m.* subway; **en métro** by subway
mettez: mettez au pluriel! put into the plural!
meubles *m.pl.* furniture
midi *m.* noon; **midi et demi** twelve-thirty
mieux: aimer mieux to prefer
mil thousand (with dates); **mil neuf cent quatre-vingts** (the year) nineteen-eighty
milieu *m.* middle; **au milieu de** in the middle of
mille thousand

million *m.* million; **cent millions de personnes** a hundred million people

ministre *m.* minister; **le premier ministre** the Prime Minister, Premier

minuit *m.* midnight; **minuit et demi** twelve-thirty (at night)

minute *f.* minute

Mlle (mademoiselle) Miss

Mme (madame) Mrs.

mode *f.* fashion, style

modèle *m.* model, example

moderne modern

moi me, I; **moi aussi** me too; **chez moi** at (to) my house

moins less; minus; **il fait moins sept degrés** it's minus seven degrees (−7°); **six moins deux font quatre** six minus two is four; **il est deux heures moins vingt** it's a quarter to two (one forty-five)

mois *m.* month

mon my

monde *m.* world; **tout le monde** everybody, everyone

monnaie *f.* change

monsieur *m.* gentleman

monsieur sir; Mr.

montagne *f.* mountain; **les montagnes Rocheuses** the Rocky Mountains

montre *f.* wristwatch; **montre de poche** pocket watch; **montre à affichage numérique** digital watch

montrer to show, to point out

morceau *m.* piece; **morceau d'argile** piece of clay

mot *m.* word

moteur *m.* motor

moto(cyclette) *f.* motorcycle; **à moto** by motorbike

motoneige *f.* snowmobile

moutarde *f.* mustard

musée *m.* museum

musicien *m.* musician

musique *f.* music

mystère *m.* mystery

N

nager to swim

naître to be born; **je suis né(e) le vingt avril** I was born on April 20

naturel, naturelle natural

naturellement naturally

navire *m.* ship

ne ... pas not; **ce n'est pas ton stylo!** that's not your pen! **ce n'est pas vrai!** that's not true! **ça ne va pas!** that won't do! things aren't going well! **n'est-ce pas?** isn't it so? **je n'ai pas de livre** I don't have a book

ne ... jamais never; **il ne parle jamais** he never speaks; **je n'ai jamais d'argent** I never have any money

neige *f.* snow

neiger to snow; **il neige** it's snowing

n'est-ce pas? isn't it so? don't you? aren't we? haven't they? etc.

neuvième ninth

neveu *m.* nephew

nez *m.* nose

nièce *f.* niece

noir(e) black

nom *m.* name; noun

nombre *m.* number

nommer to name

non no; **mais non!** not at all!

nord *m.* north

nord-est *m.* north-east

nord-ouest *m.* north-west

normal(e) normal

normalement normally

nos our

notaire *m.* solicitor, notary

note *f.* mark (at school)

notre our

nouveau(nouvel), nouvelle, nouveaux new

Nouveau-Brunswick *m.* New Brunswick

nouvelles *f.pl.* the news (report)

Nouvelle-Écosse *f.* Nova Scotia

novembre *m.* November

nuage *m.* cloud

nuit *f.* night; **bonne nuit!** good night!

numéro *m.* number, numeral; **numéro de téléphone** telephone number

O

observation *f.* observation

occupé(e) occupied, taken; busy

océan *m.* ocean; **océan Atlantique** Atlantic Ocean

octobre *m.* October

oeil (les yeux) *m.* eye
officiel, officielle official, recognized
oh là là! wow!
oie *f.* goose; **oies sauvages** wild geese
oignon *m.* onion
oncle *m.* uncle
opinion *f.* opinion
or *m.* gold
orange *f.* orange; **jus d'orange** *m.* orange juice
orangeade *f.* orangeade
orchestre *m.* orchestra; **orchestre symphonique** symphony orchestra
ordonner to order, to command
ordre *m.* order, command
oreille *f.* ear
origine *f.* origin
ou or; **vrai ou faux?** true or false?
où where
ouest *m.* west
oui yes
ouvre-boîte *m.* can opener
ouvrir to open

P

pain *m.* bread
paire *f.* pair; **une paire de jeans** a pair of jeans
panier *m.* basket; **panier de fruits** basket of fruit
panne *f.* breakdown; **en panne** out of order
pantalon *m.* (pair of) trousers
papa *m.* dad
papier *m.* paper

paquet *m.* package, parcel
par by
parc *m.* park
parce que because
pardon! pardon me! **pardon?** pardon?
parent *m.* parent; **grands-parents** grandparents
parking *m.* parking (lot)
parler to speak, to talk; **parlé(e)** spoken
parmi among
partenaire *m.* partner
partie *f.* part, portion
partir to leave; to set out
partout everywhere
party *f.* or ✤ *m.* party
pas *m.* step; **sur les pas de ...** following ...'s footsteps
pas (see **ne ... pas**): **pas de problème!** no problem! **pas très bien** not very well; **pas mal** not bad
passager *m.* passenger
passé *m.* past; **échos du passé** echoes of the past; **le passé composé** the past tense (of verbs)
passé(e) last, past; **l'année passée** *f.* last year
passer to pass; to spend; **le temps passe vite!** time passes quickly! time flies!
pâtisserie *f.* pastry shop
pavillon *m.* pavilion
pays *m.* country
pêche *f.* fishing; **faire la pêche** to fish
pendant during

pendule *f.* clock
pénible tiresome; **il est pénible!** he's a pain!
penser to think; **qu'en penses-tu? qu'en pensez-vous?** what do you think (of that)?
perdre to lose
père *m.* father
personne *f.* person
petit(e) small, little; **petites annonces** *f. pl.* want ads; **le petit déjeuner** breakfast
petit-fils *m.* grandson
peu *m.* little; **un peu** a little bit; **un peu d'histoire** a little history
peu little, not much; **tu parles peu** you don't speak much; **j'ai très peu d'argent** I have very little money
pharmacie *f.* drugstore
photo *f.* photograph
phrase *f.* sentence; **phrase complète** complete sentence; **phrase affirmative** affirmative sentence; **phrase négative** negative sentence
pianiste *m.* or *f.* pianist
piano *m.* piano
piccolo *m.* piccolo
pièce *f.* room; piece
pied *m.* foot; **à pied** on foot
pile *f.* battery
Ping-Pong *m.* Ping-Pong
piscine *f.* swimming pool
pizza *f.* pizza
place *f.* seat
plaisanter to joke, to kid; **tu plaisantes!** you're kidding!

plaît: s'il te plaît/s'il vous plaît please

planétarium *m.* planetarium

planète *f.* planet

plante *f.* plant

pleut: il pleut it's raining

pluie *f.* rain

pluriel *m.* plural; **au pluriel** in the plural

plus more; **le plus grand** the largest; **plus important que** more important than; **plus tard** later; **plus de** more than

poche *f.* pocket; **argent de poche** pocket money; **livre de poche** pocket book, paperback; **montre de poche** pocket watch; **dans la poche!** in the bag!

point *m.* point, score; **encore un point!** another score! **points cardinaux** points of the compass

policier *m.* detective show, movie

pomme *f.* apple

pomme de terre *f.* potato

ponctualité *f.* punctuality

porte *f.* door

porter to wear

portugais *m.* Portuguese (language)

portugais(e) Portuguese

poser to ask; **poser une question** to ask a question

poster *m.* poster

poulet *m.* chicken

pour for

pourquoi why; **pourquoi pas?** why not?

pratique *f.* pratice, drill

précéder to precede, to come before

précis(e) precise; **à neuf heures précises** at nine o'clock sharp

préférer to prefer

premier, première first; **le premier ministre** the Prime Minister, Premier; **le premier juin** (on) June 1

prendre to take; **prendre le dîner** to eat dinner; **prendre le train** to take the train; **prendre un bain** to take a bath

prénom *m.* first name

préparation *f.* preparation

préparé(e) prepared; ready

préparer to prepare

préposition *f.* preposition

près (de) near, close (to)

présenter to introduce, to present

président *m.* president

présidente *f.* president

pressé(e) in a hurry

prêt(e) ready

printemps *m.* spring; **au printemps** in (the) spring

problème *m.* problem; **pas de problème!** no problem!

prof(esseur) *m.* teacher

projet *m.* plan

promenade *f.* walk; **faire une promenade** to take a walk

promesse *f.* promise

pronom *m.* pronoun

prononcer to pronounce; **prononce(z) bien!** pronounce correctly!

propriétaire *m.* owner

province *f.* province

prune *f.* plum

puis next, then

pull-over *m.* pullover, sweater

pupitre *m.* student's desk

Q

quand when; **c'est quand?** when is it? **quand même** anyway, all the same

quantité *f.* quantity, amount

quart *m.* quarter; **il est une heure et quart** it's one-fifteen; **il est deux heures moins (le) quart** it's a quarter to two

quatrième fourth

que what; that; **que sais-je?** what do I know? **qu'en penses-tu?** what do you think (of that)? **que fais-tu?** what are you doing? **qu'est-ce que c'est?** what is it? what's that?

Québec *m.* Quebec (province); **au Québec** in (to) Quebec

quel, quelle which, what; **quel appétit!** what an appetit! **quel est ton numéro de téléphone?** what is your phone number? **quel temps fait-il?** what's the weather like? **quelle est la température?** what is the temperature? **quel âge as-tu?** how old are you? **quelle misère!** poor me! what a life!

quelque some, a few; **quelque chose** something; **quelques exemples** a few examples

quelquefois sometimes

question *f.* question; **questions personnelles** personal questions; **poser une question** to ask a question

questionnaire *m.* questionnaire

qui which; who; **qui est-ce?** who is it? who is that?

quitter to leave

quoi! what!

R

raconter to relate, to tell

radio *f.* radio; **à la radio** on the radio

radio-réveil *m.* clock radio

raison *f.* reason; **avoir raison** to be right

rang *m.* row

ranger to tidy, to clean up

rapide fast

rapporter to bring back

rapporteur *m.* protractor

raquette *f.* racquet; snowshoe; **raquette de tennis** tennis racquet

rarement rarely

rayon *m.* department; **rayon pour dames** ladies' wear; **rayon pour hommes** men's wear

recherche *f.* research; **recherches scientifiques** scientific research

reconstitution *f.* reconstruction

récréation *f.* recess; recreation; **salle de récréation** recreation room

réfléchir (à) to think (about), to consider

regarder to look (at)

règle *f.* ruler; rule

religieux, religieuse religious

rencontrer to meet

rentrée (des classes) *f.* first day of school

rentrer to return (home)

repas *m.* meal

répondre (à) to answer; **répondez s'il vous plaît!** please answer!

réponse *f.* answer; **réponse complète** full answer

se ressembler to resemble one another, to be similar

restaurant *m.* restaurant

rester to stay; to remain

retour *m.* return

retourner to return, to go back

réussir to succeed

réussite *f.* success

réveil *m.* alarm clock

revue *f.* magazine

rez-de-chaussée *m.* ground floor, main floor

riche rich

richesses *f.pl.* wealth, riches

rien: de rien! you're welcome!

rivière *f.* river; **la rivière Rouge** the Red River

robe *f.* dress

roi *m.* king

rosbif *m.* roast beef

rouge red

route *f.* road; **en route!** off we go! let's go! **en route pour** on the way to

roux, rousse red-haired, reddish

royaume *m.* kingdom

rue *f.* street

russe *m.* Russian (language)

russe Russian

S

sa his; her; its

sablier *m.* hourglass

sac *m.* bag; **sac d'oignons** bag of onions

sais: je sais I know; **je ne sais pas** I don't know; **que sais-je?** what do I know?

saison *f.* season

salade *f.* salad

salaire *m.* salary

salle *f.* room; **salle à manger** dining room; **salle de bains** bathroom; **salle de classe** classroom; **salle de récréation** recreation room; **salle des professeurs** staff room

salon *m.* living room

salut! hi!

samedi Saturday; **le samedi** on Saturdays

sandwich *m.* sandwich

sans without; **sans cordon** cordless (battery operated)

saphir *m.* sapphire

sauvage savage, wild; **oies sauvages** wild geese; **animaux sauvages** wild animals

saviez: saviez-vous? did you know?

sciences *f.pl.* science

scorbut *m.* scurvy

selon according to

semaine *f.* week; **les jours de la semaine** the days of the week

septembre *m.* September

septième seventh

serviette *f.* towel

ses his; her; its

seul(e) alone; only

seulement only

sévère strict

si so; **tu grandis si vite!** you're growing so fast!

si! yes! (in answer to a negative question)

si if; **s'il te plaît/s'il vous plaît** please

similarité *f.* similarity, similar feature

singulier *m.* singular; **au singulier** in the singular

sixième sixth

ski *m.* skiing; **ski nautique** water-skiing; **faire du ski** to go skiing

snack-bar *m.* snack bar

soeur *f.* sister

soif *f.* thirst; **avoir soif** to be thirsty

soir *m.* evening; **ce soir** this evening, tonight

solde *m.* sale

solution *f.* solution

sombre dark; **il fait sombre** it's dark, dull (weather)

sommet *m.* top

son his; her; its

sonner to ring

sorte *f.* sort, kind

soulier *m.* shoe

soupe *f.* soup

souper *m.* ✤ dinner, supper

sourd(e) deaf

souris *f.* mouse

sous under(neath)

sous-directeur *m.* vice-principal

sous-directrice *f.* vice-principal

sous-sol *m.* basement

souvenir *m.* souvenir

souvent often, frequently

spectateur *m.* spectator

sport *m.* sport; **faire du sport** to play sports

Stadaconé Stadacona

stade *m.* stadium

station *f.* station; **station de radio** radio station

stationner to park

stupidité *f.* stupidity

style *m.* style

stylo *m.* pen

substitution *f.* substitution

sucre *m.* sugar

sud *m.* south

sud-est *m.* south-east

sud-ouest *m.* south-west

Suisse *f.* Switzerland

suivant(e) following

suivez: suivez le modèle! follow the example!

sujet *m.* subject

supermarché *m.* supermarket

sur on

sûr: bien sûr! of course!

sûreté *f.* safety, security; **sûreté du**

Québec Quebec provincial police

surprendre to surprise

surpris(e) surprised

S.V.P.(s'il vous plaît) please

sympa(thique) likeable

système *m.* system; **système solaire** solar system; **système de vingt-quatre heures** 24-hour clock

T

T-shirt *m.* T-shirt

ta your

table *f.* table; **table des matières** table of contents

tableau(-x) *m.* chalkboard, blackboard

tante *f.* aunt

tard late

tarif *m.* fare

taxi *m.* taxi

télé *f.* TV, television; **à la télé** on TV

téléphone *m.* telephone; **numéro de téléphone** telephone number; **au téléphone** on the phone

téléphoner (à) to telephone

température *f.* temperature; **quelle est la température? quelle température fait-il?** what is the temperature?

temps *m.* time; weather; **temps libre** free time, spare time; **à temps partiel** part-time; **de temps en temps** from time to time, now and then; **je n'ai pas le temps!** I don't have time! **le temps passe vite!** time flies! **quel temps fait-il?** what's the weather like?

tennis *m.* tennis

terrain *m.* ground

Terre-Neuve *f.* Newfoundland

Terres Neuves *f.pl.* New Lands, New World

terrible terrible

tes your

test *m.* test

thé *m.* tea

tiens! look!

tigre *m.* tiger

timbre(-poste) *m.* (postage) stamp

toast *m.* piece of toast

toi you; **et toi?** and you? how about you? **pour toi** for you

toi-même yourself

tomate *f.* tomato; **jus de tomates** tomato juice

ton your

tonnerre *m.* thunder

tort *m.* fault, wrong; **avoir tort** to be wrong

toujours always; **comme toujours** as always

tour *m.* tour, visit

tour *f.* tower; **la tour CN** the CN Tower (Toronto); **la tour de la Paix** the Peace Tower (Ottawa); **la tour Eiffel** the Eiffel Tower (Paris); **la tour Cabot** the Cabot Tower (St. John's)

touriste *m.* or *f.* tourist

tourne-disque *m.* record player

tourner to turn

tout(e), tous all every; **tous les jours** every day; **tout à coup** suddenly;

tout ça all that; **tout de suite** right away, immediately; **tout ensemble** all together; **tout le monde** everyone, everybody; **tout est bien qui finit bien** all's well that ends well; **toute la journée** all day (long); **après tout** after all; **c'est tout!** that's all!

train *m.* train; **en train** by train

transistor *m.* transistor radio

travail *m.* work; **au travail!** (get) to work!

travailler to work

travailleur *m.* worker

traverser to cross

traversier *m.* ❀ ferry

très very; **très bien!** very well! very good!

tribu *f.* tribe

troisième third

trop too much; too many; **tu parles trop!** you talk too much! **il y a trop de règles!** there are too many rules!

trouver to find

Tunisie *f.* Tunisia

U

unité *f.* unit

universitaire (of the) university; **bibliothèque universitaire** university library

université *f.* university

usage *m.* usage, use

utiliser to use

V

vacances *f.pl.* holidays, vacation; **en vacances** on vacation

vaisselle *f.* dishes; **faire la vaisselle** to do the dishes

valise *f.* suitcase

vendre to sell

vendredi Friday

venir to come

vente *f.* sale

verbe *m.* verb

verre *m.* glass

vers towards; about (with time); **vers une heure** about one o'clock

vert(e) green

veste *f.* jacket

vêtements *m.pl.* clothes, clothing

viande *f.* meat

vie *f.* life; **c'est la vie!** that's life!

village *m.* village

ville *f.* city; **en ville** in (to) town; downtown

vin *m.* wine

violet, violette violet, purple

vingtième twentieth

visite *f.* visit

visiter to visit

visiteur *m.* visitor

vite quickly, fast; **vite!** hurry up! quick! **le temps passe vite!** time flies!

vive: vive le français! long live French! hooray for French!

vocabulaire *m.* vocabulary

voici here is, here are; **le/la voici!** there he/she/it is! **les voici!** here

they are!
voilà there is; there are
voisin *m.* neighbour
voiture *f.* car; **voiture de sport** sports
   car; **en voiture** by car
voix *f.* voice; **à haute voix** out loud
vol *m.* robbery
voler to rob
voleur *m.* thief, robber
volley-ball *m.* (the game of) volleyball
vos your
votre your
voyage *m.* voyage, trip
voyager to travel
voyageur *m.* traveller
voyelle *f.* vowel
vrai(e) true; **c'est vrai!** it's true! that's
   right! **vrai ou faux?** true or false?
vraiment really, truly
vue *f.* view

W
week-end *m.* weekend
western *m.* western
wigwam *m.* wigwam

Y
yeux(un oeil) *m.pl.* eyes; **il a les yeux**
   bleus he has blue eyes

Z
zéro zero
zut! darn it!